CUENTOS
DEL PARQUE
AVELLANEDA

Quadri, Néstor Pedro
    Cuentos del parque Avellaneda. - 1a ed. - Ciudad Autónoma de Buenos Aires : Librería y Editorial Alsina, 2014.
    128 p. ; 12,5x17,5 cm.

    ISBN 978-950-553-255-1

    1. Narrativa Argentina. 2. Cuentos.
    CDD A863

Néstor Quadri

CUENTOS DEL PARQUE AVELLANEDA

LIBRERÍA Y EDITORIAL ALSINA
Paraná 137 - (C1017AAC) Buenos Aires
Telefax: (54) (011) 4371-9309 / (54) (011) 4373-2942
info@lealsina.com   www.lealsina.com
ARGENTINA
2014

Contenido

Prólogo

Mediante estos cuentos con personajes sin nombres propios, pretendo transmitir algunas imágenes de ese inmenso parque Avellaneda donde transcurrió la mayor parte de mi vida. Cuando me acerco a una de las ventanas de esa imaginaria casa frente al parque iluminado por el sol, me deleito observando los variables colores de sus flores y sus plantas, mientras percibo los olores tan profundos de sus árboles de eucaliptos, rodeado por el canto de los pájaros.

Entonces, con las huellas imborrables del paso del tiempo, el parque se conecta conmigo y establecemos un diálogo. Y es así, que me dejé llevar con ciertas perspectivas, escenas, ideas y ocurrencias, cruzando la barrera de la fantasía en un viaje rodeado de amores y misterios, pero también de recuerdos y nostalgias. Con estos cuentos enmarcados en las visiones de la realidad y de la ficción, trataré de acercarlos a la vaga, escurridiza y fragmentaria sensación de lo maravilloso y de lo mágico, con visiones que llenan mi alma y que siempre me acompañarán.

El autor

Introducción

Breve descripción del Parque

El Parque Avellaneda se encuentra ubicado en la Ciudad de Buenos Aires, con entrada en Av. Directorio y Lacarra, en el centro del barrio que lleva su mismo nombre. En sus casi 40 hectáreas alberga un patrimonio natural, histórico y cultural que constituye por su extensión el tercer parque de la Ciudad. Se encuentra ubicado en lo que fuera la antigua chacra "Los Remedios", que perteneció a la familia Olivera y fue usada originalmente como centro de experimentación agrícola-ganadera.

El parque fue inaugurado en 1914 y la Municipalidad encargó el trabajo de paisajismo a Carlos Thays. La composición paisajística propuesta, buscó la adecuada disposición de la vegetación arbórea, arbustiva y herbácea la que, implantada con criterio de utilidad y funcionalidad, proporciona hoy el tan necesitado reparo y sombra. A la vez, introduce el apropiado marco de belleza natural al parque.

El parque transitó años de popularidad y esplendor, sufriendo lamentablemente una pequeña fragmentación por la construcción de una autopista en la década del 70.

La Casona principal de la chacra fue construida por el ingeniero Carlos Olivera en 1870. Las distintas generaciones de su familia la ocuparon y constituía el casco del establecimiento.

Dicha mansión tiene varios estilos arquitectónicos que corresponden a las distintas etapas de su construcción y actualmente fue totalmente restaurada, conservando con muy escasas modificaciones los detalles de la construcción original.

La Casona que sirve como sede de la Administración y Centro de Exposiciones, se encuentra ubicada en el centro del parque. Constituye el ámbito destinado a la divulgación artística, como ser exposiciones de pintura, escultura, arte digital, proyección de filmes, realización de conferencias, seminarios teóricos sobre arte, etc.

También esta instalado en el parque el Antiguo Natatorio como Centro de Producción Cultural y Escuela Media de Construcción de Espacios Verdes y un antiguo Tambo que será restaurado como Centro de Artes Escénicas.

La riqueza natural se manifiesta en su flora y avifauna y esta circundado por un gran vivero de plantas de distintas especies que fuera creado en el año 1916 por la Municipalidad de Buenos Aires, con la finalidad de proveer árboles, plantas y flores a la Ciudad.

El tradicional paseo en el trencito del parque, ponen en valor a sus rincones más significativos. Se trata de un trencito en miniatura y a escala para llevar a pasear por dentro del parque a los niños que lo visitan. Está esta dotado de una estación y todo se asemeja a un ferrocarril real.

En el parque abundan los juegos para los niños y está la tradicional calesita. Además hay una escuela primaria y un centro asistencial de atención médica.

Para la actividad deportiva cuenta con un centro polideportivo Municipal, con varias canchas de fútbol y de distintas especialidades, una pista de atletismo y piletas de natación.

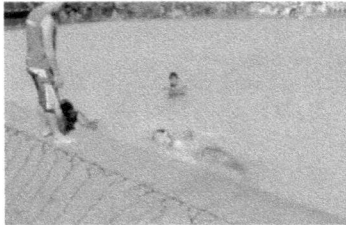

Cuenta con numerosas esculturas entre las que se destaca "La mano de Dios", del escultor José Deseno.

La vocación de mi vida

La vieja casa de mis padres ubicada frente al inmenso parque Avellaneda, vista en ese atardecer que acariciaba el follaje de los árboles, impregnaban de nostalgia a mi alma. Estaba por entrar, cuando me paré al distinguir a lo lejos a unos niños de la escuela sentados en un sendero de tierra y polvo de ladrillo, que escribían en sus cuadernos sus composiciones literarias, completamente ensimismados. Ellos me hicieron recordar unos momentos trascendentes de mi infancia.

Desde muy chico había decidido cuál sería mi vocación a la que le dedicaría el futuro de mi vida. Fue el día en que cumplí los trece años, que ante mi completa sorpresa y con la anuencia cómplice de mi madre que estaba enferma en la cama, mi padre me invitó a almorzar. Fuimos caminando hasta un lindo restaurante, atravesando ese mismo parque, para celebrar mi cumpleaños. Ello me llenó de orgullo.

Cuando un mozo se acercó, elegimos una mesa muy bien ubicada, mirando a ese hermoso parque. Cuando nos tomó el pedido, mi padre formuló muchas preguntas sobre el menú. Al final, se decidió por milanesas con papas fritas y un buen vino tinto y yo opté por lo mismo. Era la primera vez que me permitía tomar vino y obviamente me embriagué enseguida.

Después de los postres y al enterarse el mozo por indicación de mi padre, que era el día de mi cumpleaños, nos convidaron con una copa de champagne. Luego de brindar yo estaba bastante mareado, cuando mi padre me miró fijamente en silencio durante un tiempo con sus ojos castaños. Fue allí, cuando repentinamente me preguntó cual era la vocación de mi vida, con el objeto de encausar el camino de mis estudios. Esa pregunta me tomó completamente desprevenido.

En realidad, yo no tenía ni la más mínima idea de lo que haría en el futuro. Ese año me graduaría en la escuela primaria y debía optar por la secundaria, que podía ser la técnica, la comercial o el bachillerato, para luego seguir en la facultad una carrera universitaria.

No recordaba de la escuela primaria, una sola ocasión que con los maestros o mis compañeros de clase, hubiésemos conversado sobre cuál era la carrera más conveniente a seguir.

–Ya tienes trece años y ha llegado el momento de que empieces a pensar en la profesión a la que vas a dedicarte en la vida. ¿Quieres empezar en la escuela técnica? Sería bueno que fueras pensándolo –me dijo mi padre sonriente, tratando de entusiasmarme.

–¡Yo no quiero ser técnico! –le respondí vehementemente y con absoluta resolución, mientras observaba en su rostro que esa respuesta le producía una gran decepción. En realidad, mi padre quería en el fondo de su alma que yo fuera técnico, para luego recibirme como él, siguiendo la carrera de Ingeniería.

Ante aquella contestación imprevista, parecía como que mi padre fuese víctima de una suerte de confusión y yo lo miraba ensimismado, dado que nunca se había transformado así ante mis ojos. Hasta ese entonces lo que siempre había observado que cambiaba en mi padre, era su manera de vestir y el avance de las canas en sus cabellos. Debido a su trabajo en obras del interior del país, estaba muchas veces bastante tiempo alejado de nuestra casa.

Rápidamente mi padre se repuso de la sorpresa, dio un pequeño sorbo a la copa de champagne y luego me reiteró si ciertamente no tenía ningún tipo de proyecto para el futuro.

—No —le dije.

—En algo debes de haber pensado. ¿Cuáles son las asignaturas que más te gustaron en la escuela primaria?

—Música.

—Vaya, vaya. ¿Sabes cantar? Eso sí que no lo sabía.

—No, no sé cantar.

—Y entonces, ¿por qué es la música lo que más te gusta?

—Porque me gustaría componer letras de canciones.

—O sea, ¿que componer canciones sería la tarea que más te gustaría hacer?

—Bueno, la literatura tampoco está mal. He escrito en la escuela algunas poesías.

Mi padre estaba visiblemente asombrado por el rumbo que tomaba la conversación. Cuando yo era muy chico, se sentaba por las noches al borde de mi cama para contarme cuentos, pero luego siempre habíamos estado muy distantes.

Sin embargo en aquel momento, en aquel restaurante con la espléndida vista al parque y en ese estado de ebriedad, sentía a mi padre muy próximo a mí y a mis sentimientos. En tanto, entre la música de fondo que nadie escuchaba y el humo de los cigarrillos, el champagne fue desapareciendo raudamente de nuestras copas.

Entonces, decidí en un segundo lo que le iba a contestar. Descubrí mi futuro o lo inventé en aquel preciso instante.

Mi padre me miró fijamente y tratando de recuperarse me preguntó.

—¿De modo que te gustaría escribir?

—Así es, pienso dedicarme a escribir y para eso hay que leer mucho y aprender su técnica.

Entonces, me dijo con expresión de sorna.

—Realmente no te veo futuro, vas a convertirte en un poeta de tiernas rimas que se morirá de hambre.

—¡No me importa! —le respondí con firmeza. Necesito escribir para transmitirle algo trascendente de mi alma a la gente.

Todavía hoy no comprendo cómo siendo tan chico y en ese estado de ebriedad pude elaborar esa contestación. Fue ante esa respuesta inesperada, que mi padre se dio por vencido.

—De modo que definitivamente no estudiarás en la escuela técnica. ¿Es así?

—Así es. Quiero seguir bachillerato y estudiar luego en la Facultad de Filosofía y Letras.

En ese instante, en ese restaurante la vocación de mi vida tomó forma. Si bien me apasionaba escribir, jamás me había pasado por la cabeza dedicar mi vida por completo a ella.

Cuando aquella tarde emprendimos el regreso a casa a través del parque, mi padre estaba serio, preocupado y cabizbajo, acompañado por un chico que recién había cumplido los trece años y bastante mareado por el alcohol. Pero en ese momento yo estaba feliz, porque había comprendido que no sólo le había dado una respuesta a mi padre, sino que además, me había formulado una firme promesa a mí mismo para el futuro.

Ahora, parado frente a la puerta de mi casa después de tanto tiempo, sigo mirando a esos chicos en el parque que están escribiendo la tarea en sus cuadernos de clase. Y pienso si alguno de ellos, tomará la decisión de consagrar el resto de su vida a la literatura, como lo hice yo aquel día, en medio de la inocencia de mi niñez. Aquella inocencia y aquella niñez, que junto con mis padres, ya se han ido, como se van las noches con sus sueños.

Misterio en el parque

Al caer esa tarde cálida y húmeda, me encontraba caminando por una larga vereda, con unas rejas muy altas que separaban un vivero conteniendo miles de plantas. Estaba inmerso en la nada y busqué reconocer dónde estaba, hasta que por fin pude ubicarme. Siguiendo un poco más, ingresé finalmente al inmenso parque Avellaneda.

Con una mágica música que provenía de la calesita, el mundo danzaba a mí alrededor. Estaba sofocado y sentía que todas las cosas tenían un aire misterioso y traté de apartarme de la gente que estaban disfrutando de la tarde con sus hijos. Entonces, me dirigí caminando lentamente por un sendero intransitado rodeado de aromos y eucaliptos, que me condujo a un rincón apartado del parque. En ese momento, no había nadie allí y me quedé sentado en un banco, durante bastante tiempo.

La vastedad del lugar parecía calmarme, mientras el silencio regulaba mi imaginación, tratando desesperadamente que aparezca una luz en mi mente. A lo lejos, veía una hilera de árboles, mientras el sol caía en el ocaso en un agónico descenso. Lentamente las penumbras de las ramas cubrieron el lugar donde me encontraba. Ya en el anochecer, se escuchaban a mi alrededor los cantos de los pájaros buscando sus nidos, mientras se incrementaba el olor de las hojas caídas de los árboles de eucaliptos.

¿Cuál era el misterio que me rodeaba? No recordaba absolutamente nada y todo era muy raro. Un movimiento leve me sobresaltó y me volví rápidamente. Nada parecía haberse movido. Pero en el sendero, estaba parado inmóvil frente a mí, un enorme gato negro con sus ojos brillosos. Permaneció mirándome espantado por unos instantes y de golpe desapareció, emitiendo un maullido lastimero. Todo era muy extraño y por más que trataba de develar ese misterio me sentía completamente confundido y consternado.

Me paré y parsimoniosamente avancé entre las vías del trencito del parque, por un sendero pedregoso, hasta alcanzar el camino principal. De pronto, tuve un sobresalto al percibir el sonido de unos pasos a lo lejos que se acercaban corriendo. Era como si un ser extraño me estuviera persiguiendo y comencé a sentir un miedo atroz de que me alcanzara. Entonces, despavorido corrí y corrí, hasta que por fin, pude llegar muy agitado a la gran casona del parque, donde se estaban efectuando las exposiciones de cuadros.

Cuando entré, la sala me pareció enorme y que todas las pinturas que estaban allí colgadas brillaban más de la cuenta. Repentinamente, alguien irrumpió en la casona y se acercó corriendo detrás mío, como si me estuviera buscando. Era un pequeño adolescente que me alcanzó y me abrazó con fuerza. Al principio sentí su respiración agitada y sus manos delicadas que me abrazaban, pero luego escuché su grito de terror con un llanto asustado.

—Papá, tengo mucho miedo —me dijo.

Al escucharlo, comencé nuevamente a tener aquel extraño estremecimiento de angustia que carcomía todo mi ser. Fue allí que comprendí cual era el motivo de todo ese misterio que me rodeaba.

—Nunca te olvides de tu padre —atiné a contestarle, luego de ese momento de desconcierto.

Mi hijo se separó de mi lado al instante y corrió hasta la escalera de la casona, desde donde siguió mirándome espantado. Sentí una sensación terrible, como jamás había percibido en mi vida.

Estaba parado delante de él y no sabía que hacer, porque con horror había descubierto que yo ya no pertenecía a este mundo. Había recordado a aquel auto que se me vino encima cuando cruzaba la esquina del vivero del parque, en Olivera y Directorio. Fue mientras hablaba con mi celular con mi hijo, comentándole que me dirigía a la exposición de cuadros.

Entonces, salí prestamente de la casona y bajo la luz de la luna llena que todo lo teñía de gris, mi imagen se fue diluyendo y desapareciendo poco a poco, en aquella noche cálida y húmeda, de ese inmenso parque Avellaneda.

El pensionista inglés

Cuando esa tarde el padre de la familia regresaba caminando de su trabajo, dirigiéndose hacia su residencia emplazada frente al parque Avellaneda, la distinguía de las demás por el mal estado de conservación. La vieja casa era ahora sólo una evocación de aquel tiempo pasado de ostentación.

Al entrar, observó en el inmenso living la mancha de humo amarilla que se destacaba en la chimenea de mármol blanco y el viejo piano de cola ubicado en un rincón oscuro.

El edificio estaba construido sobre una calle empedrada, con sus fachadas sobrecogidas por un miedo secular a sucumbir, pidiendo a gritos varias manos de pintura. Tenía dos pisos con habitaciones espaciosas, sobre todo las de planta baja que daban al parque, como el comedor y el salón principal. Esos ambientes estaban diseñados para los que en aquellos tiempos de esplendor se reunían a bailar, escuchar música o jugar a las cartas.

En el piso superior, los dormitorios tenían balcones adornados con intrincados barrotes de hierro forjado, ahora oxidados, que estaban delicadamente entrelazados por una enredadera florida.

Era el tipo de residencia ostentosa de suelos ence-
rados, con algún mármol por aquí y alguna madera
por allá, que en tiempos de bonanza fue una residen-
cia señorial, pero en la actualidad, su estado era muy
deplorable.

El hombre estaba vestido con un traje gastado, con
camisa y corbata y había conseguido mediante una re-
comendación de un político amigo, un modesto pues-
to de empleado administrativo durante todo el día, en
la intendencia del parque. Ya cercano a los sesenta era
bastante robusto y se le destacaba el cabello blanco
cuidadosamente peinado.

Generalmente al llegar a su casa al caer la tarde, to-
maba café y leía completamente el diario de la mañana
en su sillón predilecto, mientras su avejentada esposa
cosía ropa para un comercio de moda. Su hija, era una
adolescente bastante atractiva, que había aceptado un
trabajo como dependienta en un comercio. Además,
estudiaba por la noche contabilidad, con la idea de
conseguir en el futuro un empleo más remunerativo.

El presupuesto familiar se había reducido cada vez
más y sólo les quedaba una mucama que vivía con
ellos desde hacía bastante tiempo. Era bastante activa,
todavía joven y fuerte. En su vida se había manteni-
do soltera y ellos pensaban que era por su carácter.
Permanecía siempre tranquila, sin que nada turbara
su calma y así podía pasar su vida sola, sin locas espe-

ranzas o necias ilusiones, con el espíritu lleno de las serenidades grises de un paisaje de otoño.

La dilapidación, las malas inversiones y la situación económica general, los habían llevado a pedir numerosos préstamos. Al no disponer del dinero para devolverlos, incluso para poder pagar los intereses, hizo que varias joyas de la familia que otrora habían relucido en reuniones y fiestas, debieran ser vendidas. Llegó un momento que aún trabajando todos, los ingresos ya no alcanzaban para pagar los gastos de la casona y los intereses de las deudas que habían contraído.

Finalmente, atenazados por las necesidades, los miembros de la familia pensaron en dar utilidad a esa enorme casa en que vivían y decidieron alquilar a un pensionista, aquella enorme habitación, que antiguamente en las fiestas se usaba como comedor.

En la Intendencia donde trabajaba el padre, le habían informado que estaba buscando hospedaje en la zona, un famoso botánico inglés que había venido a la Ciudad invitado a una convención sobre medio ambiente. Luego la Municipalidad lo había contratado por un tiempo determinado, para realizar un análisis de la reforestación global del parque.

El inmenso parque Avellaneda, con sus cuarenta hectáreas de añosa arboleda, era uno de los más hermosos de la Ciudad y justamente gran parte de su belleza se basaba en la riqueza de su flora autóctona y exótica. Como se hacía necesario preservar esos ejemplares en el proceso de incorporación de las nuevas especies, se requería un hombre con la experiencia del inglés para realizar una tarea tan delicada.

El inglés aparentaba ser muy serio y circunspecto y ponía especial atención en el orden, cuando finalmente se instaló en la vieja mansión. Tenía cerca de cincuenta años, era alto y todavía ágil, iba siempre elegantemente vestido. Por debajo de sus cejas se abría paso a su mirada despierta y atenta, con unos ojos negros que emitían un fulgor extraño, especialmente cuando veía a la hija circular por las habitaciones.

Desde que el pensionista llegó, cambió el espíritu de esa casa. Cuando se sentaba a la mesa para comer en esa inmensa habitación, al momento aparecía por la puerta la mucama, que le servía primorosamente la cena.

El inglés se inclinaba reverentemente sobre las fuentes, como si quisiese examinarlas antes de comer y cortaba ceremoniosamente un trozo de carne, con el fin de comprobar si estaba lo suficientemente tierna. Después le sonreía.

La mucama, que observaba todo con ojos embelesados, comenzaba también a sonreír respirando profundamente y luego cuando se retiraba, él comía en absoluto silencio. En general hablaba muy poco el castellano y pronunciaba sólo algunas frases sueltas, que para él eran como si fueran una larga charla y luego miraba a su interlocutor para verificar el efecto de su comunicación.

Después de una semana, el pensionista inglés ya había terminado de cenar en su habitación. Bastante tomado, seguía todavía paladeando en su boca el sabor del buen vino, mientras cómodamente recostado en su sofá hojeaba una revista.

De pronto, percibió que alguien tocaba en el piano el *Claro de luna* de Beethoven y cuando abrió torpemente la puerta que daba al living para ver lo que pasaba, la hija cesó la interpretación. El padre y la madre que la estaban escuchando, sentados juntos en el amplio y mullido sillón, lo miraron sorprendidos.

–¿Le molesta la música? –le preguntó el padre al verlo.

–Nou. Nou –contestó el inglés, con sus dificultades de pronunciación.

–¿Puede mí quedarse escuchar?

–Naturalmente –dijo el padre con amabilidad.

Cuando el inglés ingresó en el living, el padre se paró y le ofreció un lugar en el sillón y luego con vergüenza y delicadeza volvió a sentarse junto a él. En tanto, su esposa se retiró a la cocina a preparar algo caliente para comer.

Cuando su hija volvió a tocar en aquel viejo piano de cola, el padre seguía con atención los movimientos de sus manos, mientras el inglés encendía absorto un cigarrillo. Luego de un rato, el inglés se levantó del sillón algo excitado y fue hacia la ventana, inmerso en la embriaguez del vino y en esa música sublime.

Permaneció allí mirando la luna que asomaba reluciente, que como una enorme moneda plateada iluminaba los frondosos árboles del parque. Denotaba gran agitación por la forma que fumaba, mientras que el padre, poco a poco, se iba adormeciendo en el sillón.

De pronto, el inglés se acercó detrás de la muchacha y se agachó, haciendo como que trataba de leer la partitura, con un fulgor inquietante en sus ojos negros. El rostro de la hija estaba inclinado hacia delante, porque seguía con su mirada atenta y ansiosa, las notas del pentagrama. Sin duda, esa actitud le molestaba sobremanera.

En realidad el inglés la miraba a ella, fugazmente vio primero sus curvas, percibió su fragancia, era como que esa divina melodía que flotaba en el aire, fluía ahora en su derredor. Entonces, sintió un deseo de acariciarle que le carcomía el alma. Era como si viajara por el universo, como si durmiera y estuviera soñando y sentía esa necesidad como una adicción irresistible.

Esa actitud provocativa y peligrosa del inglés llenó de nerviosismo a la muchacha, que con una repentina reacción, interrumpió su música en forma abrupta. Por un instante, permaneció sentada en el taburete, dura como una estatua.

Luego se levantó con la partitura en sus manos, se dirigió al sillón donde se encontraba su padre medio adormecido y lo sobresaltó, al depositársela bruscamente sobre su regazo. Finalmente se retiró ascendiendo rápidamente por la escalera hacia su dormitorio, tomando el picaporte con fuerza y cerrando la puerta con violencia.

Sólo temblor y palpitación fue la respuesta del pálido pensionista inglés, quien inmediatamente saludó al padre con una respetuosa reverencia y silenciosamente huyó a su habitación. El padre, junto con la madre, que había venido prestamente alarmada de la cocina por los ruidos, ascendieron al dormitorio de su hija, que estaba llorando recostada en la cama.

—Esto no puede seguir así —les dijo, mientras enfurecida daba golpes sobre la cama.

—Si ustedes no se dan cuenta, yo sí me doy.

Al instante, la madre corrió hacia ella y le acarició el pelo para consolarla.

A la mañana siguiente el inglés se cansó de esperar que la mucama le sirviera el desayuno y pensó que algo iba a ocurrir porque se habían olvidado de él. Entonces se abrió la puerta y el padre irrumpió en la habitación.

—Váyase usted inmediatamente de mi casa —le dijo abruptamente.

—¿Cómo decir? —preguntó el inglés asustado.

—Quiero decir exactamente lo que digo —contestó el padre.

El inglés se quedó allí en silencio y luego lo miró como para responder buscando las palabras, pero no atinó realmente a emitir ninguna, porque ya de entrada estaba vencido.

Algo más tarde y luego de preparar sus maletas, el inglés se dirigió a grandes pasos hacia la salida, hizo una reverencia en silencio y se retiró de la casa. En tanto, el padre con las dos mujeres se asomaron al porche y se quedaron allí mirando, hasta que desapareció por completo de sus vistas.

Estaban aliviados a pesar que sólo habían cobrado un pequeño anticipo, como saldo de aquella efímera permanencia. Ese día era feriado y al ver el esplendor de la mañana y al percibir una brisa con aroma de eucaliptos que provenía del parque, a la madre se le ocurrió ir a caminar y almorzar allí, para olvidar el mal rato.

Mientras se preparaban para partir, entró la mucama para decir que había terminado su trabajo por la mañana. Los tres estaban enfrascados con el termo y las viandas, pero cuando la mujer no daba señales de retirarse la miraron extrañados.

La mucama permanecía firme de pie junto a la puerta, como si quisiera participar a la familia de algo, mientras se balanceaba suavemente en todas las direcciones.

—¿Qué es lo que pasa? —preguntó la madre.

—Bueno… —contestó la mucama—, han echado al pensionista inglés y para ustedes ya está todo arreglado… y sin terminar la frase se dio media vuelta con rabia, abandonando la habitación con un portazo tremendo.

Quedaron inmóviles mirándose. Esa actitud de la mucama siempre tan tranquila los había dejado mudos. Luego sonrieron al unísono, mientras pensaban que había un poco de locura en esa reacción, pero que también había un poco de razón en aquella locura.

Después los tres abandonaron la casa juntos y se marcharon al parque totalmente iluminado por el cálido sol de primavera.

Mientras caminaban querían volver hacia atrás en el tiempo y se aferraban al recuerdo de aquellos tiempos pasados de grandeza. Pero no veían nada, porque estaban muy lejos de ellos aquella mansión esplendorosa, a través de las cuales ahora por sus ventanas únicamente la incertidumbre penetraba en las habitaciones.

Ya pasado el medio día se recostaron cómodamente en unos bancos de madera, prepararon la comida de la vianda y mientras almorzaban más distendidos hablaron de las perspectivas para el futuro. Llegaron a la conclusión que era imposible seguir viviendo en esa inmensa casa, que requería arreglos inmediatos e imprescindibles y contar con los servicios de una mucama, porque los gastos eran muy elevados. Debían iniciar una nueva existencia sin ambiciones de grandeza y tomaron la decisión de vender esa casa, para comprar un departamento más pequeño y barato.

Mientras hablaban, los padres notaron casi al unísono que su hija estaba cada vez más primorosa. Como una confirmación, cuando ella se levantó del banco y estiró su cuerpo esbelto, recibió las miradas furtivas de varios transeúntes masculinos que pasaban por allí.

Ya en el atardecer mientras tomaban café en el parque, apareció un joven de muy buena presencia que saludó a la hija y ésta se los presentó a sus padres como un amigo. Luego, se apartaron para hablar entre ellos en un banco cercano.

Entendiéndose casi inconscientemente los padres sonrieron espontáneamente. En la mirada del muchacho había mucho de aquel fulgor extraño de los ojos negros del pensionista inglés, mientras que ella tenía en su rostro aquella sonrisa embelesada de la mucama, cuando le servía la cena en la antigua residencia.

Mundo gris

Era un niño pobre de tan solo catorce años que vivía en una de las villas del sur de Buenos Aires y debía trabajar todos los días como canillita en un puesto de diario para poder comer. Se levantaba a la madrugada y sin lavarse la cara ni mirarse en el espejo, salía de su casa. Ese mundo de miseria que lo rodeaba, parecía habitado por seres fantasmagóricos, inmersos en la miseria y la injusticia de este mundo globalizado.

Caminaba en el amanecer bajo las gotas de lluvia, con la vista puesta sobre las frías y desparejas baldosas de las calles. En su vida los días era siempre grises y ya no le quedaba lugar para la ilusión.

Al ingresar en el inmenso Parque Avellaneda a esas horas de la mañana, en ese día lluvioso y triste, todo estaba vacío y silencioso. Como de costumbre, se detuvo a mirar esa inmensa estatua de una mano esculpida en madera como pidiendo ayuda a Dios.

Cuando apenas había reiniciado su marcha, de repente cesó la lluvia y comenzó a asomar el sol. Entonces detuvo sus pasos fascinado, observando como comenzaban a aparecer en el cielo los colores del arco iris. De pronto, mientras percibía un suave olor a eucaliptos, se iluminaron las flores de las plantas, creando una multitud de tonos verdes en sus hojas. Mágicamente, aquel mundo gris que se reflejara sobre los charcos de lluvia que había caído hacía un rato, comenzó a desaparecer.

Y como si saliese de un encierro, el color iluminó su mundo. Todo su alrededor empezó a desprender reflejos de distintas tonalidades. Los senderos serpenteados del parque que se habían mostrado oscuros e intrincados, aparecían ahora iluminados y majestuosos.

Algunos árboles caídos se levantaban de su letargo mientras sus troncos secos se cubrían de colores y aquella estatua se impregnó de belleza. Ante él apareció la inmaculada imagen de aquella mano, iluminada en un brillante tono verde esperanza.

El parque antes silencioso y solitario se llenó de cantos de pájaros, rodeado por el aroma de las flores. Era como si su vida hubiera despertado para salir del encierro gris donde hasta ahora había estado recluida. Entonces, comenzó a surgir en su alma la felicidad desde aquel abatimiento que lo acompañaba permanentemente. Por fin todo era como siempre debió ser. ¡Qué lindo sería si en el mundo triunfara el amor y la solidaridad y no existiera la pobreza y la marginalidad!

Pero, tan pronto como vino, se fue. Todo aquello se desvaneció y aquel mundo gris volvió a resurgir en aquel sendero del parque. Fue cuando el cielo se encapotó abruptamente y percibió sobre su cuerpo unas frías gotas de lluvia, que repentinamente habían comenzado nuevamente a caer.

La casa frente al parque

En los primeros recuerdos de mi infancia, aparecen siempre en mi memoria aquel Parque Avellaneda en el anochecer de Buenos Aires. Era cuando regresábamos a casa en bicicleta con mi padre, al terminar la jornada de labor en nuestra ferretería.

Mi bicicleta era de paseo y de mujer con el asiento bastante bajo y generalmente íbamos a la par, pero a veces me atrasaba un poco y luego lo alcanzaba. Mi padre un poco echado hacia adelante, pedaleaba despacio, para esperarme con su bicicleta liviana de carrera, con duras cubiertas de tubos.

Mi padre era argentino por donde se lo mire y tenía una pequeña ferretería cerca de ese parque y todas las noches teníamos que atravesarlo para regresar a casa. Yo que en ese entonces tenía once años, cursaba por la mañana los estudios primarios en la escuela emplazada en el mismo parque y por la tarde lo ayudaba en el negocio.

Nos conducían los faroles de las bicicletas alumbrando círculos en el camino, surgidos como desde un sueño, renovándose en los serpenteados senderos de tierra que parecían no tener fin.

Esas pequeñas luces marcaban nuestro rumbo y finalmente nos sacaban de la oscuridad, para guiarnos a aquella hermosa casa donde vivíamos, ubicada frente mismo a ese parque. Allí estaba la mesa familiar preparada por mi madre, donde cenábamos entre los rumores de las sillas arrastradas sobre el piso de baldosas y los cubiertos en los platos.

En general mis padres no hablaban mientras comían. Durante esos momentos permanecíamos lejos de todo, sumergidos en nuestros propios pensamientos. Estábamos solos, pero estábamos juntos.

Al año siguiente dejamos para siempre esos recorridos en bicicleta. Mi padre se deshizo de aquella ferretería que no rendía lo suficiente. Consiguió la concesión de la Municipalidad, para el servicio de un trencito de esparcimiento para los niños que recorría todo el parque.

Contaba con una estación central y desde allí circulaba lentamente sobre vías, dispuestas en los caminos para que los chicos puedan pasear y le tomaran el gusto a los viajes en tren.

La locomotora que no era otra cosa que un tractor con un motor diesel adaptado, tenía un silbato y echaba vapor de agua blanco por una chimenea, para que asemejara el humo, que le daba al tren una imagen muy pintoresca. Este trencito llevaba también a los padres de los niños, que los acompañaban disfrutando del viaje. Como a mí me dejaban ir gratis, allí estaba yo, paseando y paseando en el trencito.

Mi padre atendía a toda la gente con deferencia sacando a relucir sus conocimientos y por sobre todas las cosas, su natural simpatía. Si bien hay que reconocer que su trabajo lo llevaba a cabo con seriedad, como le sobraba tiempo era muy atento, especialmente con las mujeres. Nada como ese trencito para iniciar contactos personales, aunque en la mayoría de las ocasiones fueran furtivas.

En ese entonces, las relaciones matrimoniales no andaban bien y un día mi madre me dijo que mi padre se había marchado de casa. Yo ya tenía trece años y aunque durante los últimos tiempos no lo había visto demasiado, había escuchado algunos rumores y aquella confirmación me dejó pasmado.

Sentí allí, como que se había roto en pedazos para siempre toda aquella unidad que envolvía a mi familia y en un verdadero ataque de locura arranqué la fotografía que había en la pared del comedor, en la que estábamos los tres. Pero cuando entré en el lavadero y observé la bicicleta de mi padre muy junto a la mía, estallé en lágrimas.

Al año siguiente, mis estudios en el colegio secundario no iban muy bien, porque le dedicaba mucho tiempo a entrenarme y jugar al fútbol, en la cancha del Centro Polideportivo Municipal del Parque. Estaba contento con los botines, el pantaloncito y la camiseta que me habían dado y podía llevármelos a casa. Los partidos eran los domingos a la mañana y allí empezó a aparecer mi padre para alentarme.

Mi madre que era una española de mucho carácter, se oponía a que jugara al fútbol porque quería que le dedique más tiempo al estudio. Me lo reprochaba en forma tan permanente y obsesiva, que le pedí encarecidamente a mi padre que me permitiera ir a vivir con él. Residía en un departamento que había alquilado en el monoblock ubicado frente al parque.

Mi madre me vio dejar la casa porque se despertó justo mientras yo preparaba la valija, pero no intentó retenerme y tampoco su orgullo la animó a detenerme. Luego, si bien la visitaba siempre, pensé si esa desazón que le había provocado, habría sido la causa de aquella afección repentina.

Pocos días después, mi padre me pasó a buscar por el centro polideportivo y me dijo que teníamos que ir al hospital, porque mi madre había tenido un ataque al corazón. Cuando tomamos el taxi sentí tanta angustia en ese día terrible de lluvia y viento, que me largué a llorar.

Sólo alcancé a verla llena de sondas y ya no me reconocía. El médico que la atendía dijo que no soportaría mucho tiempo. Y fue en ese anochecer que comprendí que ya no escucharía aquel paso doble republicano que de niño, siempre me cantaba al despertarme. Y que tampoco volvería a pedirme con tozudez, que debería estudiar letras para que sea escritor como su padre, muerto en la guerra civil. Porque para ella, sólo así, con plumas ardientes que contaran la otra historia, se podía restaurar la República, en aquella España de Franco. Cuando murió su padre fue perseguida y había tenido que emigrar.

Ella deseaba fervientemente volver a su tierra, pero en ese largo tiempo de la historia, su país no la quería. Un día se me ocurrió preguntarle dónde estaba su madre y sus hermanas, pero nunca me contestó. Cuando abrió la boca no pudo hablar y se quedó muda mientras se le empañaban los ojos.

Luego de la muerte de mi madre, retornamos con mi padre a vivir en aquella casa frente al parque. Allí, fueron transcurriendo los largos días de mi vida, con sus nuevas vivencias y sus diversos avatares. Días de estudio y trabajo, alegrías y tristezas, amores y desengaños, ambiciones y desasosiegos.

Después de pasar muchísimo tiempo, yo estaba muy lejos, dirigiendo a un club del fútbol español en un partido decisivo, cuando me comunicaron la muerte de mi padre. En ese misterioso devenir del tiempo y el destino, me había establecido y tenía una familia e hijos, justamente en aquel mundo que había sido tan cruel con mi madre. Una España que me había acogido en su seno con los brazos abiertos, como lo había hecho en su tiempo Argentina con mi madre.

Me comentaron que mi padre en el final preguntó por mí, pero sólo pude regresar el día posterior al entierro. Al llegar a la bóveda del cementerio de Flores en Buenos Aires, donde estaba sepultado, sentí como un nudo que me estrangulaba la garganta. Hacía mucho tiempo que había dejado de verlo y me imaginaba sus últimos días, con la voz envejecida y su imagen señera, con sus ojos cristalinos, el pelo cano y las manos arrugadas.

Luego, retorné a nuestra vieja casa señorial frente al parque, recordando aquellos días del pasado. Al entrar observé en el living la chimenea de mármol blanco, el viejo piano todavía ubicado en un rincón y el reloj de pie que en aquellas noches llenas de silencio cuando comíamos con mis padres, el sonido de su péndulo medía indiferente el paso del tiempo.

En el lavadero aún estaban aquellas bicicletas y encontré en un álbum unas fotos. Cuando me detuve a mirarlas, distinguí lo apuesto y fornido que era mi padre. Nunca había pensado en eso cuando era chico y por algo era apreciado por las mujeres. Eran fotos de sus treinta años y estaba en el parque conmigo cuando era un bebé de meses en sus brazos. Se le notaban los músculos tostados por el sol bajo la camisa clara y se lo veía feliz.

Y luego, encontré aquella foto arrugada que estaba
con él y mi madre, que yo había arrancado de la pa-
red del comedor, en aquel momento de desesperación,
cuando se habían separado.

Y de pronto, como en un círculo interminable en el
tiempo, mi memoria me remontó nuevamente a aque-
llos años de mi infancia, a esos caminos recorridos de
regreso en bicicleta en esas noches oscuras, llenas de
estrellas, luna y silencio.

Aquellas noches en la que avanzábamos a través de
un decorado de árboles con aroma a eucaliptos, con
representaciones de esculturas de madera mudas y de
focos de alumbrado que aparecían por doquier como
luces fantasmagóricas.

Y entonces no aguanté más, parsimoniosamente
tomé una copa del armario, apoyé esa foto de los tres
sobre aquella misma mesa en que cenábamos en si-
lencio. Luego abrí una botella de champaña en esta
noche estrellada de Buenos Aires, me remonté atrás
hacia aquel tiempo y solo, mirando la foto y alzando
la copa brindé por mis queridos padres.

Y luego, lentamente, seguí tomando copas hasta
agotar la botella, porque quería de alguna forma apa-
ciguar esas añoranzas y apagar ese fuego de nostalgias
que sentía en mi alma. Después, borracho y rodeado
de recuerdos, sentí nuevamente a mi lado la presencia
de mis padres, envueltos en una suave brisa con olor

a eucaliptos que provenía de ese hermoso parque, que con tanto cariño me había cobijado en los tiempos de mi juventud.

Esa sería mi última noche en esa casa frente al parque. Al morir mi padre ya nada quedaba allí, sólo permanecían los recuerdos y la soledad. Al día siguiente, por la mañana, entregaría a un gestor un poder para su venta antes de ir al Aeropuerto de Ezeiza, para retornar nuevamente a España a vivir con mi familia.

El extraño cuadro

El pintor disponía de un amplio atelier en una casona residencial que estaba emplazada en la Chacra de los Remedios en Buenos Aires, rodeada de una con una hermosa arboleda Era un ser solitario que habitaba en esa casona, donde le dedicaba el mayor tiempo de su vida a la pintura.

Aquella tarde, cuando ella lo fue a visitar para contarle todo aquello que le sucedía, él prácticamente no la dejó hablar. Le dijo que tenía un gran deseo de pintarla y le rogó fervientemente que posara. Entonces, para no contrariarlo, ella se sentó pacientemente junto a la ventana, cuando ya comenzaban a percibirse las primeras sombras del anochecer.

Era un hombre extraño, donde su existencia se perdía envuelta en sus ensueños pictóricos. Tanto era su abstracción de la realidad, que no llegaba ver que la luz de su vida penetraba tan poco en la de su amada, que desde ya hacía rato se había apagado el amor que ella sentía por él.

Ignorante de todo, el pintor experimentaba un vivo y ardiente placer al comenzar la tarea, a fin de trasladar al lienzo esa imagen que adoraba. Ella sin embargo, se sentía desesperada y deseaba contarle todo. Había aparecido otro hombre en su vida y quería romper de una vez y para siempre, aquel vínculo amoroso.

Por fin, ya impaciente, se atrevió a confesarle la verdad y al escucharla, los ojos del pintor lloraron de infidelidad y fue el comienzo más acerbo de su dolor. ¿Cómo podía vivir después de enterarse de todo aquello? ¿Podría volver a latirle el corazón igual, con esa angustia atravesándole el pecho? ¿Cómo podría continuar su existencia después de esa revelación?

Con los ojos llenos de lágrimas, comenzó a dar vueltas desesperado en el piso. La miraba con rencor e iba a contestarle, pero en ese momento el silencio lo absorbió, no pudo abrir la boca y nada pudo decirle. Permaneció en silencio y cuando ella comenzó a retirarse ya no era dueño de si mismo, porque la desesperación había logrado alcanzarle.

Después de pasar un tiempo físicamente incalculable, la soledad y el silencio lo volvieron a acompañar. Aunque ya su amada no estaba allí posando, el pintor quiso descargar su angustia, decidiendo terminar con su propia imaginación aquel cuadro.

Era muy tarde y sentía una sensación extraña en su alma, pero al llegar la noche ya no lo atormentaba, sino que más bien le inspiraba. Comenzó a delinear el lienzo con la luz artificial y cada trazo que daba, transmitía los sentimientos de cómo la veía en cada instante en su interior.

Según la circunstancia de como dejaba volar su fantasía, se transformaba y adoptaba un significado de amor pasional o de resentimiento. Esa angustiante sensación lo solucionaba alternativamente con tragos de licor y nuevas pinceladas.

De pronto, sintió un leve escalofrío cuando percibió que una suave brisa helada movía las cortinas. Entonces, con el pincel en la mano, trató de imaginar bosquejando en la pintura, como el aire ondulaba armoniosamente el vestido de su amada.

Después de un tiempo, la pintura fue tomando color, cada vez más color, mientras algo mareado, percibía en su garganta el gusto amargo con un dejo dulzón del licor. Y esa noche la angustia lo siguió inspirando, hasta que empezó a trazar con el pincel las últimas líneas en aquel lienzo. Cuando por fin concluyó su obra, el corazón en el pecho le palpitaba con fuerza. Mientras miraba el cuadro de su amada, rememoraba con dolor toda aquella confesión.

Finalmente, ya decidido, el pintor aferró con vigor la empuñadura de la filosa navaja que estaba sobre la mesa, para cortarse las venas. Sólo un instante bastó, se escuchó un suspiro. Sólo un suspiro fue suficiente y la imagen del lienzo se fue desvaneciendo lentamente de su vista. Los colores de su amada se fueron perdiendo y con el último aliento abrazó a ese cuadro, empapándolo con su sangre.

Luego de trascurrir muchísimo tiempo del suicidio del pintor, la residencia quedó en manos de la Municipalidad, porque la Chacra fue convertida en el hermoso Parque Avellaneda y esa casona quedó emplazada en el centro del mismo. Hacía muy podo la habían remodelado a nuevo para utilizarla para eventos artísticos y exposiciones.

Esa tarde se realizaba una exposición de pinturas y sobre las paredes del salón se exponían numerosas obras antiguas y modernas. Los cuadros estaban colgados no solamente en las paredes principales, sino también en los rincones.

Un experto en pinturas estaba visitando la muestra y esas obras le causaban un profundo interés. Efectuaba la contemplación de los cuadros, consultando un libro que estaba depositado sobre la mesa de la exposición. En él se analizaban y criticaban las pinturas y se describían a la vez sus antecedentes.

Durante largo tiempo estuvo observando cuidadosamente la exposición y las horas transcurrieron rápidas y silenciosas. Ya en el anochecer se fue produciendo cierta oscuridad en el salón, lo que hizo necesario encender la iluminación artificial.

De pronto, la luz le dio un nuevo panorama a toda la exposición y en un rincón del salón, se vio envuelto en un cuadro que hasta entonces no le había prestado la suficiente atención.

Era un retrato sin nombre, del tipo surrealista, que representaba a una mujer con imágenes abstractas, como una manera de expresar emociones y por más que lo intentaba no lo llegaba a desentrañar. El rostro, los brazos, el seno y las puntas de sus cabellos, pendían de una sombra vaga, pero profunda, que servía de fondo a la imagen.

De pronto notó que ese fondo era de un color marrón rojizo, parecía que fuera sangre que se hubiera fijado allí y perdurado con el paso del tiempo. Al cabo de algunos momentos, luego de mirar fijamente el lienzo, se había incrementado la expectativa que había poseído sus sentidos. No era posible dudar, aun cuando lo hubiese querido, esas manchas eran realmente de sangre.

El experto no lograba entender cual era la angustia que realmente había querido expresar el pintor en el lienzo y abismado en estas reflexiones, permaneció largo tiempo con los ojos fijos en ese extraño cuadro.

Aquella misteriosa pintura que al principio lo hicieron estremecer, acabó por subyugarlo, porque había zonas ocultas en su interior, fuerzas en movimiento que no se dejaban reconocer fácilmente. Allí comprendió que su significado sólo lo podría llegar a comprender, teniendo en cuenta la situación y la circunstancia que originaron su creación.

Lleno de intriga, fue rápidamente a la mesa y se apoderó ansiosamente del volumen que contenía la descripción de los cuadros. Buscó inmediatamente el número correspondiente al que marcaba el retrato y leyó que la obra no tenía nombre. Había sido pintado en un atelier de esa misma casona antes del suicidio del pintor, y representaba la bella mujer que amaba.

Se relataba luego que cuando la mucama entró en el atelier al día siguiente de haberse pintado ese cuadro, nadie vivía en ese salón en penumbras. El cuerpo del pintor se encontraba apoyado sobre la mesa, sobre el lienzo ensangrentado, junto a la navaja y una copa de licor vacía. Se aclaraba que estaba acompañado por el cuerpo de su amada, que fuera lacerado con esa navaja y que yacía postrado junto a la ventana.

Galleguita, ¿has podido olvidarme?

Estaba rodeado de soledad en mi departamento de un monoblock de Buenos Aires con vista al parque Avellaneda, cuando repentinamente pensé en volver a ver a la galleguita, al leer en Internet las bases de un concurso de relatos de amor. Era promocionado por una Agencia de Turismo cuyo premio para los extranjeros, consistía en un pasaje de ida y vuelta a España, para los tres cuentos seleccionados como ganadores.

La galleguita era el apodo que le habíamos puesto los muchachos que vivíamos cerca de ese parque, a una simpática chica con la cual yo había tenido un corto, pero fogoso romance de adolescente. Sin embargo, su recuerdo, a pesar de haber pasado tantos años, era parte de una melodía que todavía fluía en torno mío.

En realidad, había sido una relación fugaz, porque en cuestión de días había partido para radicarse con su familia a España. En la despedida me prometió llorando que me escribiría cuando llegara allá, pero nunca más supe de ella. Había sido un amigo de aquella época de mi juventud, que se había dedicado con bastante éxito a la escritura, el que me había revelado hacía unos días que la galleguita era nada menos que una muy popular y renombrada escritora española.

Yo sin saberlo, había leído algunos de sus libros e inmediatamente ese mismo día, ingresé en Internet para conocer algunos datos de ella. Allí vi varias de sus fotos actuales, donde si bien los años habían pasado dejando algunas huellas, seguía teniendo todavía aquellos rasgos atractivos de su juventud, que tanto me apasionaban. No encontré indicios de alguna relación con nadie, más allá de las fotos con sus colegas y premios recibidos por su exitosa obra literaria. Fue allí cuando me enteré de ese concurso de cuentos de amor, donde formaba parte de los miembros del Jurado y ello me alegró muchísimo, incentivándome a participar en ese concurso literario.

Como sólo soy un escritor aficionado, al principio se me ocurrió recurrir a mi amigo para que me ayudara a redactar el cuento. Pero esa idea la deseché inmediatamente, porque comprendí que eso sería una falta total de ética.

Por lo tanto, me dediqué con mis limitaciones, pero con mucho fervor, a escribir un relato de amor para ese evento, con el objetivo de lograr llamarle la atención a la galleguita.

Pensaba que si lograra que me recordara, seguramente lo seleccionaría para que yo pueda viajar y de esa manera, nuevamente nos volveríamos a ver. Ello me daría la loca posibilidad de reanudar aquel romance trunco que tanto ansiaba en mi vida solitaria.

Se me había ocurrido una idea genial para llamar su atención. Mi relato rememoraría el anochecer de aquel cálido domingo de primavera, cuando fuimos a pasear por el parque Avellaneda, bajo un decorado de árboles con aroma a eucaliptos. En esa tenue oscuridad, nos sentíamos como flotando en el deseo, mientras nos inspiraban las mudas representaciones de erotismo de las parejas que surgían solitarias ante nuestros ojos, bastante alejadas de los focos de alumbrado.

Esa noche en un banco olvidado entre las penumbras y bajo la luz de la luna, habíamos tenido una relación pasional que yo jamás en mi vida la podría olvidar y pensaba que ella tampoco, porque para ambos, había sido la primera vez.

Después de redactarlo, estuve estudiando detenidamente cómo podría hacer para que entre tantos cuentos presentados, ella me recordara inmediatamente y fijara su mirada en él. Entonces, después de pensarlo muy bien le puse de título: Galleguita, ¿has podido olvidarme? y para rematarlo, de seudónimo utilicé directamente mi nombre de pila.

Luego de terminarlo, con mucha satisfacción remití el cuento por mail de acuerdo a las bases del concurso. Estaba confiado que cuando ella leyera ese relato de amor, recordaría todo aquello y la impactaría. Por otra parte, estaba plenamente convencido que el cuento no era del todo malo, porque con las palabras había resucitado al redactarlo, todo mi corazón ardiente de aquella época.

La incertidumbre de la espera del fallo me carcomía el alma y la duda me hacía preguntar que pensaría ella. Me desvelaba el pensar que significado tendría aquel recuerdo de nuestra juventud y que emociones pasarían por su espíritu cuando transitara silenciosamente la lectura de aquel cuento. ¿Me vería a mí, como yo la veía a ella en el recuerdo después de tantos años?

Cuando observaba el parque desde mi departamento, tenía la impresión de ser perseguido por una infinidad de sensaciones invisibles que incansablemente me rondaban, acechaban y perturbaban. ¿Querría ella seleccionar mi cuento para que yo viaje a España a reencontrarme con ella?

Para agravar mi angustia me enteré por Internet que los organizadores del certamen, habían informado que el fallo se postergaba treinta días, debido a la enorme cantidad de cuentos recibidos.

Al mes siguiente tenía más ansiedad que nunca de enterarme del resultado y por fin, en el portal de las noticias literarias logré conocer el acta de ese concurso de amor. Fue allí que estupefacto, pude verificar fehacientemente que mi cuento no figuraba ni entre los tres premiados, ni mencionado tampoco en la lista de los veinte preseleccionados.

En ese estado de abatimiento y depresión fui a ver mi amigo escritor, con la esperanza que él con su experiencia, encontrara una respuesta. Le mostré el cuento explicándole en detalle toda la historia de lo ocurrido.

Mi amigo leyó el cuento con mucho detenimiento y me ratificó que realmente era muy bueno, pero luego de leer las bases del certamen, sonriendo me señaló un pequeño detalle que yo no había tenido en cuenta. Evidentemente yo no estaba al tanto de la vida íntima de los escritores famosos y seguramente esa habría sido la causa de aquella indiferencia.

Entre los miembros del Jurado estaba también designada la pareja de la galleguita, que era una joven y bella escritora madrileña, muy conocida en el ambiente literario, de la que ella estaba completamente enamorada.

Investigación extraterrestre

Era un solitario navegante extraterrestre de un planeta muy similar a la tierra, que orbitaba una estrella emplazada en la constelación de Cáncer, a una distancia de cincuenta años luz del Sol. Se desplazaba en el universo para cumplir una misión de investigación que le habían encomendado en ese planeta azulado. Lo habían descubierto al percibir por pura casualidad algunas infinitésimas señales inteligentes de radio.

No hacía mucho tiempo que había comenzado este viaje intergaláctico, porque se desplazaba en otras dimensiones aprovechando las vastas cuerdas espacio-tiempo. Esas cuerdas fluctuaban formando un inmenso entramado comunicacional en el universo, que ya habían descubierto y utilizado desde hacía muchísimo tiempo.

Los seres inteligentes de su planeta con el gran avance de la tecnología espacial, estaban ahora buscando lugares propicios para subsistir. Ello se debía a que las condiciones naturales para el normal desenvolvimiento de la vida de su especie en su planeta, se fueron desmejorando poco a poco, y actualmente no eran del todo propicias.

Luego de analizar durante un tiempo prudencial al pequeño planeta, informó a la base que se hallaba habitado con vida animal y vegetal y que sus condiciones físicas y meteorológicas eran las adecuadas para el normal desarrollo de la vida de los extraterrestres. Por otra parte, les comunicó que existía vida inteligente dominante en estado embrionario, donde la especie todavía se conformaba por zonas geográficas, con diversas creencias, prejuicios y ambiciones. Aún actuaban y pensaban en forma sectorial, con distintas formas de comunicación idiomáticas, tal como había sido la vida primitiva de ellos mismos, hacía miles de años atrás.

Fue entonces que le encomendaron que verificara si existía en ese planeta el alimento apropiado para la supervivencia, con el fin de planificar una futura invasión. Por lo tanto, decidió descender. Cuando un cartel se iluminó para avisarle que ya era el momento, alargó una de sus extremidades, pulsó el botón y se inició la acción programada automática para el aterrizaje de la nave.

En el crepúsculo de ese invierno la temperatura era baja y el viento hacía danzar las ramas de los árboles en aquel inmenso parque Avellaneda. El sol estaba cayendo de golpe creando unas sombras espectrales mientras la luna ya se asomaba en el cielo. Cuando el día llegó a su fin, su tenue luz bañó el lugar, inundándolo todo con un resplandor grisáceo.

Apenas el día terminó de morir, apareció en el cielo oscuro el brillante plato volador, que aterrizó suavemente al lado de unos arbustos que rodeaban la gran Casona ubicada en el centro del parque.

Luego de un tiempo, en forma parsimoniosa la pálida figura de un insecto gigante emergió de la nave. Su respiración corrompió el aire que lo rodeaba y envolvió con su húmedo aliento, las incipientes luces de la noche.

Alzó la vista y observó la casona que le causó interés por sus raras características arquitectónicas y un pequeño e improvisado telescopio que habían instalado en el techo, que le provocaron una sonrisa despectiva. Descendió lentamente de la nave entre los arbusto y aleteando y aferrándose con sus múltiples patas, se introdujo por los senderos del parque. Finalmente se detuvo frente al sanatorio de atención médica que estaba instalado en uno de los espacios laterales. El incipiente olor de la sangre que llegaba hasta allí, lo hizo sonreír mostrando sus grandes aguijones. Se había dirigido hacia ese lugar, porque su visión y olfato, le habían proporcionado la orientación adecuada para llegar.

Estaba seguro que nadie lo había observado y ese tenue aroma le provocó una alegría inmensa, porque ahora estaba seguro que su especie dispondría del alimento necesario para la supervivencia cuando se efectuara la invasión.

A esa hora, la desierta sala de atención recibió abruptamente la respiración húmeda del insecto, que alzó la vista y observó el entorno del local. Podía percibir el olor metálico de la sangre que había en algunas probetas que se utilizaban para los análisis.

Mientras su trompa mostraba sus finos aguijones fue desplazándose lentamente. Sin embargo, no se encontraba a gusto, porque la sangre estaba fría. Su especie debía contar con las seguridades de que la sangre caliente y nueva sea adecuada. Fue en ese momento que recordó aquella solitaria casona del parque...

El enigma de la muerte y el extraño estado en que apareció el cadáver de un eminente profesor universitario e investigador científico que se dedicaba a los estudios del espacio-tiempo en el universo, constituyó durante mucho tiempo uno de los misterios que asombró a la comunidad científica y la opinión pública.

La Universidad a través de la Municipalidad, le había facilitado al profesor un local y un pequeño telescopio en la planta superior, para realizar sus investigaciones en la casona del Parque.

Era ya tarde y estaba anocheciendo. Desde la ventana de la casona del parque donde residía y trabajaba, ya se veía la luna, que iluminaba los árboles del parque con su luz espectral en la tenue oscuridad. Y también aparecieron algunas estrellas, que comenzaron a titilar en la negrura del cielo, ajenas a sus reflexiones.

La ansiedad lo aquejaba en medio de la soledad en que vivía, porque estaba por desentrañar la fórmula de una de las leyes fundamentales del espacio-tiempo en el universo. Este hecho lo llevaría a ser reconocido como uno de los investigadores científicos más renombrados e importantes del mundo. Fue allí, cuando de repente, observó al plato volador descender lentamente del cielo y desaparecer entre los arbustos del parque.

Pero su mente se negó a creer lo que había visto y pensó que se trataba de una alucinación debido a la falta de sueño de esos días. Sus estudios lo llevaban a desconocer por completo la existencia de ovnis. Los consideraba como imaginaciones o desvaríos de la gente, que daban lugar a las noticias sensacionalistas de los medios.

Pensó que no debía preocuparse y además, sería un mal papel para él denunciar al plato volador, porque no estaba del todo seguro de haberlo visto. Por otra parte si no era cierto, pondría en juego la credibilidad en los estudios que estaba realizando en su afamada carrera de investigador.

De acuerdo a sus análisis, las investigaciones efectuadas en el espacio jamás habían detectado signos de inteligencia alguna en los planetas de nuestra vía láctea. Según él, era imposible que existiera alguna civilización extraterrestre que pudiera disponer de la tecnología adecuada para trasladarse desde otras galaxias, atravesando esas grandes distancias siderales.

En su subconsciente consideraba con soberbia, que solamente la inteligencia superior del hombre podría lograr algún día alcanzar ese objetivo. Justamente aplicando la fórmula que estaba por desentrañar, permitiría la conexión espacial por caminos más cortos, utilizando cuerdas interplanetarias.

Como estaba realmente muy cansado, se recostó en su sofá para reponerse dormitando un poco. Luego de un corto tiempo, repentinamente se despertó sobresaltado en las sombras, cuando escuchó un ruido.

Después de verificar que estaba despierto, encendió la luz y divisó la figura del extraterrestre. Era un gran insecto con ojos resplandeciente y se mantuvo frente a él en la penumbra. Un sudor frío le recorrió la frente y el terror y angustia lo invadió.

No cabían dudas que ese extraño ser no podía ser otro que el proveniente de aquel plato volador. Comprendió su error, dado que con la típica incredulidad humana había negado su existencia, sin darle ninguna trascendencia a lo que había visto. Ya era tarde, cuando comenzó a entender la insignificancia del hombre en el conjunto del universo.

Una brisa helada le produjo una sensación de vértigo y escalofrío cuando ese ser se le acercó aleteando, arrastrando con parsimonia sus numerosas patas. El silencio era tan profundo, que sentía el respirar de aquellos pulmones, anhelantes de aire, que se hinchaban y contraían, mientras su trompa mostraba unos finos aguijones amenazadores. Aterrorizado quiso gritar, pero no pudo gritar y ya vencido, recibió un rayo paralizante de un pequeño artefacto que ese ser sostenía en una de las extremidades.

Entonces, el extraterrestre sacudió su cuerpo aproximándose lentamente y mientras una tenue vibración lo rodeaba, fue envolviendo con su aliento húmedo la penumbra de la habitación. Olfateó ese olor flácido y con sus afilados aguijones hundidos en esa débil carne de la yugular, comenzó a succionar aquella sangre caliente. Y sorbió y sorbió abrazando a su víctima, aleteando su cuerpo, junto al que estaba agonizando, ignorante del privilegio de ser el alimento de aquella existencia.

Finalmente, luego de absorber hasta la última gota de sangre y ya satisfecho, el extraterrestre empezó a alejarse parsimoniosamente hacia su nave a fin de retornar al espacio. En tanto, en el local de la vieja casona sólo quedaba el cadáver desecado del investigador científico, en soledad y silencio.

Su informe a la investigación encomendada fue breve y conciso, diciendo que había alimento disponible en forma ilimitada. Que ya estaban dadas las condiciones por demás favorable como para realizar la invasión a ese planeta azulado, que estaba poblado de vida inteligente muy incipiente, de apetitosa sangre caliente.

El campito del parque

Dicen que un día en ese campito jugaron.
Y lo bautizaron con el nombre de los que ganaron.

Después de mucho tiempo había retornado al parque Avellaneda de mi barrio natal en Buenos Aires y parado en ese puente peatonal, los recuerdos me remontaron a aquellos días de mi infancia. Allí los pibes se juntaban y corrían detrás de una pelota, en un campito de casi una manzana, emplazado en un costado de ese inmenso y hermoso parque. Estaba rodeado de árboles, flores y pájaros.

Se habían formado entre los chicos dos equipos para jugar y divertirse, uno se llamaba Floresta y el otro Parque. Un día los pibes decidimos solemnemente hacer un partido el domingo por la tarde para ponerle el nombre al campito de ese Parque. Para nosotros era una cuestión de honor y yo era el arquero de los pibes del equipo de Parque.

La noticia de esta disputa alteró a todo el vecindario, que esperaba el partido con expectativa, con alegría y haciendo chanzas, pero sin odios. La mayoría eran inmigrantes españoles e italianos que poblaron la ciudad después de la guerra. Entre todos los pibes habíamos colocado los postes de madera y los travesaños con ramas de los árboles que encontramos diseminados por el parque. Con lechada de cal marcamos la canchita, todo lo prolijo que nos fue posible. Nuestras madres se reunieron y en forma muy simple confeccionaron las camisetas de los equipos y le pedimos a un cuidador del parque que nos haga de referí.

Llegó el domingo y los hinchas que no eran otros que los padres, familiares y amigos de los jugadores, se ubicaron alrededor del campito, mientras nosotros nos cambiamos directamente entre los frondosos árboles. A toda esa gente los unía la alegría y una sana ansiedad.

Comenzó el partido y luego de varios minutos el pibe más hábil de nuestro equipo comenzó una gambeta tras otra. Llevaba la pelota como atada al pie y finalmente eludió al arquero contrario, que desde el piso solo pudo mirar como la misma entraba en el arco. El grito de gol reventó el parque.

—¡Qué jugada, hermano! No se puede creer —sentía que decía nuestra gente partidaria que rodeaba el campito de juego.

A nuestro equipo le quedaban todavía montones de recursos de habilidades y destrezas y yo como arquero, era un espectador más, porque prácticamente no tuve necesidad de atajar. Sin embargo, era uno de esos días en la que la pelota se negaba a penetrar en el arco rival.

El repertorio de nuestros delanteros parecía interminable e hicieron jugadas maravillosas. Un cabezazo en palomita y cuando el balón estaba por entrar un defensor la sacó sobre la línea. Un tiro de taquito por sobre el arquero que providencialmente pegó en el pequeño tronco que hacía de travesaño y que vibró de tal forma que casi se parte. Un remate de chilena al rozar el poste lo dejo algo inclinado y muchas jugadas más. Pero la triste realidad era que seguíamos ganando por la mínima diferencia.

Al fin llegaron los noventa minutos y estábamos ya por festejar cuando el cuidador del parque que hacía de referí miró el reloj y concedió dos minutos de alargue. Floresta tenía un chico morocho menudito que no se cansaba nunca y era por demás escurridizo y en ese lapso entró al área. Cuando yo me aprestaba a salir del arco para interceptarlo, el pibe se frenó de golpe y el capitán de nuestro equipo que lo perseguía, que era un zaguero central tan grandote como su padre, se lo llevó puesto.

—¡Penal! —gritaron todos los hinchas y jugadores de Floresta.

Por un momento que a mí me pareció un siglo el referí dudó, pero inmediatamente lo convalidó. El pibe se levantó del suelo y corrió a celebrar con sus compañeros, mientras yo lo observaba sumamente nervioso. La suerte de nuestro equipo ahora dependía de mí, solo de mí y sentía que esa responsabilidad me carcomía el alma, si bien tenía alguna experiencia en atajar penales.

Terminadas las protestas el cuidador del parque contó los once pasos. Cuando el pibe de Floresta tomó la pelota a mí me pareció que el corazón se me había enmudecido de golpe. Si nos empataban se jugaría un alargue de treinta minutos.

Cuando escuché el silbato, allí estaba el pibe frente mío tomando carrera sin decidirse y a último momento, pateó fuerte y bajo al palo izquierdo. Y fue exactamente en ese lugar donde tuve la mágica intuición que iría la pelota. Entonces con la punta de los dedos, en una estirada espectacular la saqué al corner, ante la algarabía de todos los partidarios de nuestro equipo.

Inmediatamente terminó el partido y mis compañeros me levantaron en andas. Triunfamos uno a cero, sufriendo más de la cuenta, pero habíamos ganado el derecho y el orgullo de bautizar con el nombre de Parque a ese campito.

En esos momentos, estaba allí parado después de tantos años sobre ese puente peatonal que sirve para cruzar la autopista. Muchas personas pasaban sin verme, ni aún aquellos cuyas facciones me parecían familiares. Estaba invadido por la decepción ante aquellas imágenes que tenía frente a mí.

Los últimos estertores de aquel pasado me llegaban desde los cimientos de una inmensa plataforma de estacionamiento y peaje para control de tráfico de esa autopista. Habían cercenado lateralmente a los hermosos terrenos arbolados de ese parque público, cuya traza había sido aprobada por los funcionarios corruptos de turno. El campito de fútbol de Parque ya no estaba… Ante esa acumulación de cemento y automotores. Entre el ruido y la polución, era ahora un lugar inexistente.

Cabizbajo tomé el camino de retorno. Pero a pocas cuadras decidí volver nuevamente a ese puente peatonal, para conservar en mi retina aunque más no fuera algún fragmento del alma de aquel lugar. Estaba anocheciendo y me encontraba todavía en medio del rugir de motores de aquellos vehículos conducidos por individuos fríos e indiferentes, apurados por pagar el peaje.

De pronto y como por un encanto, al aparecer la luna, volví a percibir nuevamente la suave brisa de aquel Buenos Aires del 50. El parque Avellaneda con sus baldíos e inmigrantes, me desparramaban añoranzas y se iban colando a través de las rendijas y cerraduras de los postigos de mi corazón.

Fue allí y en ese momento que percibí como que ya no existía el ruido de los motores en la autopista, ni en

la playa de peaje, mientras que el viento me traía el su-
surro de una canción. Y tan simple letra y tan inocente
melodía, que cuanto lo cantaban en mi niñez me pro-
ducía tanta alegría, inmerso ahora en ese misterioso
devenir del tiempo, con los ojos humedecidos por las
lágrimas, la escuchaba con muchísima nostalgia:

"Se oye ruido de pelota y no sé, y no sé lo que será,
es el equipo de Parque que ya viene que ya viene de
ganar…".

Dicen que en las noches de luna llena,
desde el puente peatonal de la autopista,
en el campito de Parque, aún se los ve jugar.

El devenir del tiempo

Fue el comienzo del fin. Cada vez estabas más lejos de la realidad que me rodeaba y me ahogaba un impulso egoísta. Cuando en un banco del parque Avellaneda me dijiste que me dejabas, pensaba que no habría más oscuros atardeceres ni grises amaneceres. Que no habría más celos, ni falsedades. Pero luego me invadió la angustia esperando ansioso tu regreso.

Sabía que estabas ahí, mas no podía precisar donde. Mi carne se pudría en la espera mientras mi alma envejecía. Era triste ver pasar los días esperándote. A veces pude sentirte tan cerca que podía percibir tu fragancia.

Pero no estabas. Nunca estabas. No hay nada que apene tanto, como la incertidumbre en la soledad que inunda el alma.

Ayer, después de muchos años arrastraba mis pies sin rumbo alguno y volví al parque viendo la vida brillar a mi alrededor. Me senté en un banco cualquiera, sintiendo mi cuerpo cansado. Algunas nubes negras encapotaban el cielo y el sol me mostraba renuente su luz.

Y te volví a ver. Estabas sentada en aquel mismo banco donde me dejaste, vieja y perdida, mirando la nada. Tenías un vestido gastado y desteñido y tu imagen me congeló la piel. El devenir misterioso del tiempo, había destruido lo que tanto quise...

Apenado, pensé en acercarme, pero me pareció que tu realidad ya tenía suficientemente dolor y me fui del parque caminando en silencio, con ganas de llorar.

El embrujo del parque

Necesitaba trabajar y tomé un puesto de cartero. Aquella mañana, mi primer día laboral, debía entregar un par de paquetes que tenían como destino la casona del parque Avellaneda.

Esa tarde, apenas pisé sus senderos me inundó una extraña sensación de una belleza tal que invocaba al misterio. Esas sendas parecían moverse entre los árboles, con un movimiento silencioso pero constante, rodeado por incontables esculturas hechas en madera que me parecían corazones latiendo. No sé porqué pero sólo atinaba a caminar cada vez más rápido, pero paradójicamente me sugestionaba.

Las carpetas de polvo de ladrillo de los caminos estaban llenos de desniveles producidos por las raíces de innumerables árboles añosos de eucaliptos que se abrazaban en el aire. Producían un fuerte aroma, creando una cierta opacidad a pesar de la luz del día.

De pronto sentí una rara sensación, como si el parque estuviera habitado por fantasmas discretos, como si esos seres no fuesen visibles. Era como si los escasos transeúntes que se veían caminar fuesen ánimas sin rumbo, estuviesen perdidos deambulando por el parque.

Comencé a percibir diagonales interminables y engañosas, sendas que morían apenas nacían. Otras se que se perdían en instantes y aparecían luego sin lógica alguna, configurando un intrincado paisaje laberíntico.

Mi alma se llenó de una inquietud pasmosa. Eran ya las cinco de la tarde y pensé que cumplir con mi tarea era la mejor manera de tranquilizarme, pero fue imposible. No puedo asegurar si avanzaba o retrocedía, las imágenes se superponían creando a su vez otras imágenes.

Entonces los árboles, las estatuas y los senderos incorporaron sus almas y mostraron grandes ojos que me apuntaban. Parecían que se abalanzaban en un torbellino vertiginoso y ondulante. Repentinamente sin saber cómo, me encontré frente al umbral de la enorme casona del parque.

De allí salió un hombre maduro con el uniforme de mayordomo que se utilizaba en tiempos ya idos, estiró ceremoniosamente sus manos y le entregué los paquetes. Firmó mi planilla y de sus bolsillos extrajo una moneda de cobre y me la entregó. Miré el reloj y seguían siendo las cinco. El tiempo no había transcurrido. Retorné atontado, confundido, pero ahora no temía, sentía una tranquilidad extrema, abrumadora. Entregué las planillas a mi superior y desde entonces me miran con recelo. Jamás pude liberarme, ni lo he deseado, del embrujo fantástico y misterioso que genera ese inmenso parque Avellaneda.

Partida y regreso

La partida

Cuando terminó la guerra civil española, mi padre estaba en una situación difícil. Se rumoreaba que brigadas de soldados irían por las casas en busca de opositores y sospechosos. Era delegado gremial en una empresa textil de Barcelona que había peleado por la República muy duramente. Fue herido, y estaba recuperándose en nuestra casa con los cuidados de mi madre, cuando terminó la guerra.

Yo tenía dieciocho años y un hermanito muy pequeño de seis, que jugaba saltando y corriendo indiferente de un lado para otro de la casa, pues para él todo era fiesta. Habíamos decidido irnos, porque queríamos escapar de los horrores de la posguerra buscando otras oportunidades que nos proporcionaran tranquilidad. Sabíamos el enorme riesgo a que nos exponíamos, dado que deberíamos emigrar en forma furtiva.

Uno de los amigos de la zona portuaria, que le debía la vida a mi padre en los días que luchó junto a él en el frente, nos facilitó la forma de escaparnos en un barco al otro lado del mundo. Una vez arreglado los preparativos, partimos cabizbajos dejando atrás los recuerdos que llevábamos en nuestros corazones, y la incertidumbre de no saber si volveríamos algún día.

Las últimas escenas previas a la partida produjeron en mí un mágico frenesí. Cuando las gruesas amarras fueron izadas por la tripulación y partimos entre las sombras de la madrugada, dejábamos atrás nuestras esperanzas e ilusiones. Ahogando el llanto, yo contemplaba como la nave se alejaba paulatinamente del puerto, adentrándonos en la inmensidad salada de aquel océano infinito.

Una fuerte brisa fría me sacudió como deseando despertarme de mi letargo con una fresca caricia, cuando rememoraba al joven escritor republicano que ocupaba mi alma. Seguía percibiendo su presencia, la tristeza de sus ojos y sus húmedos besos de despedida. Cuando pensaba en él, me sentía como en un lugar mágico donde podría salir volando adentrándome en el mar, como si fuera una de esas gaviotas que estaban revoloteando en el cielo.

Pero ni el rumor del mar, ni el canturrear de las gaviotas, lograban acallar aquella angustia, cuando vislumbraba a través del húmedo velo de esas lágrimas que no había podido contener, como quedaba atrás todo aquello.

Sentía en esos momentos que irme era como morir, mientras observaba que me alejaba de mis afectos y de mis raíces. Me parecía que yo era como una amazona montada sobre un indómito corcel, que sin poder resistir, me conducía en busca de la puerta de entrada hacia un nuevo destino. Era una mezcla de rabia e impotencia que me brotaba incontenible, al comprender que no nos habían dejado otra salida.

La travesía hasta llegar a Buenos Aires fue dura y excesivamente larga para algunos de los pasajeros, con claros síntomas de desnutrición y miseria. Mi pequeño hermano cayó enfermo sin poder superar la dureza del viaje y murió de escarlatina. Nadie pudo hacer nada para salvarle la vida, porque las condiciones higiénicas y la atención médica de aquel barco, dejaban mucho que desear.

La desesperación nos sumió a todos, cuando contemplábamos como las olas del mar se alzaban con sus descarnados brazos de espectro y se llevaban aquella caja que contenía el cuerpo de mi hermanito a sus profundidades.

Una inmensa depresión se apoderó de mi madre durante días y días, la que emanaba del recuerdo de aquella imagen de su hijo con sus ojos asustados, en esas oscuras noches de sufrimiento.

Después de varios meses de navegación llegamos a destino y el puerto de Buenos Aires nos dio la bienvenida entre un bullicio impresionante. Había seres provenientes del mundo entero, que caminaban de un lado para otro con sus equipajes. Nos recibió un pariente que vivía allí desde antes de la guerra. Él fue quien nos ayudó, ofreciéndonos en alquiler una casa frente al parque Avellaneda y allí nos instalamos.

En la Argentina las cosas comenzaron bien porque mi padre consiguió rápidamente un trabajo. Era un técnico calificado en materia textil y toda su vida se había dedicado a la confección de telas, con diversas combinaciones de formas y colores, En ese entonces había avidez de conocimientos y nuevas tendencias que necesitaba de expertos, con lo que rápidamente fue progresando en el trabajo.

Ya al mes de estar aquí, empecé a notar las molestias propias del embarazo. Dentro de mi ingenuidad, había pensado equivocadamente que aquel retraso era debido a los ajetreos del viaje e incluso a la escasez de comida en el barco. El destino quiso que recibiera la noticia durante la consulta de ese médico, que era un conocido de mi padre en Barcelona. Fue en ese momento que lloré como nunca antes había llorado, descargando todas las penas de mi alma.

La novedad del embarazo provocó un golpe en mi familia, pero después de aquel disgusto inicial, mi madre me fue apañando. Esa noticia, había conseguido devolverle poco a poco, la ilusión de recuperar al hijo que había perdido.

Al poco de dar a luz un niño precioso empecé a trabajar con mi padre, porque en esa fábrica se necesitaba atender los numerosos pedidos, que llegaban a diario procedentes de todas las zonas del país.

Cuando terminábamos nuestra jornada de labor, efectuábamos con mi padre el trayecto nocturno para volver a casa, atravesando a pie ese enorme parque Avellaneda. En general no hablábamos entre nosotros, sólo emitíamos algunas frases sueltas, envueltos en nuestros propios pensamientos.

Nos costaba adaptarnos a ese nuevo ambiente. La gente era amable con nosotros, pero algo distante y yo me sentía como una inmigrante, ganando mi derecho a permanecer en ese nuevo lugar.

Mientras mi hijo fue creciendo, mi madre se encargó de todo desde el principio. En realidad lo acogió como si fuera su propio hijo en lugar de su nieto y yo lo acepté con serenidad y comprensión. Jamás le conté nada a nadie sobre quién era el padre, porque todo se diluía en medio de mi cobardía y ese secreto se apoyaba sobre mi conciencia.

Y en esos anocheceres al terminar el trabajo diario en la fábrica, siempre recorríamos con mi padre ese camino de regreso por el parque. Avanzábamos en las penumbras a través de un decorado de árboles con aroma a eucaliptos.

El caminar junto a él, me servía para apaciguar la tristeza que sentía. La intensidad de mi amor era tan grande y tan poderosa que no podía aceptar que todo aquello había muerto. Sentía como una niebla en mi espíritu que buscaba recuperar recuerdos, pero a veces no lograban colarse a través de las rendijas y cerraduras de los postigos de mi alma.

No había nada más amargo para mí que el sentimiento de impotencia, aquella que ni con la resignación lograba reducir y menos aún superar. Ese vacío de mi ser, esa soledad en mi vida atormentada, sólo podía ocuparlo aquel amado escritor republicano.

Nos conducían las farolas que alumbraban un círculo en el camino, surgido como desde un sueño, renovándose en los serpenteados senderos de tierra que parecían no tener fin. Todo ello me hacían rememorar aquel anochecer de otro parque lejano en Barcelona, donde los árboles y la luna, cobijaron aquel fogoso amor de mi juventud.

Mirando al cielo me preguntaba ¿Qué lejana galaxia acunaría ahora aquellas pasiones y luego esas tiernas fatigas, envueltas en poemas de amor?

Las luces nos marcaban el rumbo y finalmente nos sacaban de la oscuridad, para guiarnos a la casa alquilada frente al parque. Allí estaba la mesa familiar preparada por mi madre, donde como siempre cenamos casi sin hablar, rodeados de los gritos alegres del jugar de mi hijo. Para el niño todo era fiesta y ello me hacía recordar con un dejo de tristeza a mi hermanito en España.

El regreso

La soledad a la cual me encontraba atada, había perdido ahora todo equívoco y alcanzaba su punto extremo. Me debatía entre un mundo lejano que ya no existía, perdido del otro lado del océano y este otro cielo que me cobijaba con solidaridad. Era un cielo distinto, pero que en paz, me estaba proyectando hacia los días futuros.

Y el futuro me fue conduciendo con mis padres hacia el mundo de la moda. No tardamos mucho en adquirir esa casa donde vivíamos y luego nos independizamos. Para ello, abrimos un negocio de confección de prendas de vestir, que nos dieron bienestar con un buen pasar económico. Lo demás fue tiempo. Un tiempo de vida rodeado de prosperidad en ese parque Avellaneda, con aquel secreto guardado en soledad en mi pecho.

Y fue mucho después, que en ese misterioso devenir de los años habría un mañana en el amanecer de aquel nuevo día de España. Fue el día que increíblemente, una muerte encendió la luz de la libertad que me permitía volver a verlo todo. Pero lamentablemente, el destino no quiso que ese día mis padres pudieran estar en vida conmigo, celebrando ese acontecimiento feliz.

Fue justamente en ese día, que de pronto encontré aquella foto que estaba con ellos en Barcelona durante mi infancia. Y como en un círculo interminable en el tiempo, mi memoria me remontó hacia aquellos años llenándome de nostalgias. Sabía que en mi patria no había una libertad republicana, pero aquellas cadenas de la dictadura se habían roto para siempre. Esa libertad majestuosa, estaba ahora enmarcada en la democracia y el respeto de los derechos humanos, que eran los ideales de aquellos que dieron la vida por la querida república.

Entonces, rodeada de recuerdos, tomé la decisión de retornar a Barcelona, mientras percibía una suave brisa con olor a eucaliptos que provenía de ese frondoso parque Avellaneda.

Viajé sola en ese avión y en poco más de doce horas había cruzado medio mundo y estaba cumpliendo los deseos de mi alma, que me había pedido a gritos volver. Quería reencontrarme con aquellos recuerdos que había dejado en el pasado y eso era lo que había decidido hacer en aquella noche de felicidad.

Cuando desperté supe que había llegado y el corazón me palpitaba al aterrizar en la tierra que me había visto nacer hacía ya tanto tiempo. Me había preguntado tantas veces que diferente sería todo desde que me fui. Cómo estaría ahora mi casa, mi barrio, los amigos que había dejado, los vecinos que seguro ya casi no quedarían. Seguramente se habrían muerto o ya no se acordarían de mí.

Bajé del avión y me dirigí junto al resto del pasaje a recoger mi equipaje. ¿Qué habría sido de todo aquello? Con mi mente enfervorizada caminé hasta la parada de taxi, respirando una mezcla de alegría y misterio.

De pronto, como un álbum de fotos, como un inventario del pasado, como una antología de figuras entrelazadas, comencé a percibir el palpitar inconfundible de mi ciudad natal. Me alojé en un hotel cerca del barrio donde habíamos vivido con mi familia, hasta que tuvimos que huir.

Me asombró cómo había cambiado todo. Los edificios ya no eran los mismos y mi casa de dos plantas había desaparecido. En su lugar había un hotel moderno con grandes cristales. Sólo la panadería seguía inamovible a simple vista y percibí con placer el olor del pan recién hecho.

Tenía un verdadero ataque de ansiedad y no lograba dominar mis ideas, todo se disolvía en medio de mi agitación. La necesidad de volver a verlo a él se apoyaba sobre mi conciencia, que la mantenía apretada con fuerza. ¿A dónde me conduciría ese regreso?

La mañana llegó y salí de la habitación del hotel cuidadosamente sin hacer el mínimo ruido. Lentamente y cautivada por el rocío del amanecer, dirigí mis pasos sin preocuparme más que por mis pensamiento en ese peregrino paseo.

La noche había sido un gran alivio para mi desasosiego y como ahora no había nadie, no tenía que esconder mi dolor de miradas y lástimas ajenas.

Estaba emocionada de estar allí después de tanto tiempo, porque los muros de piedra del recinto y las escaleras no habían cambiado. Estaban iguales de tristes y silenciosas, con las mismas flores sobre las lápidas y los mismos cipreses entre las tumbas.

Allí descansaba aquel joven del que tuve que separarme, huyendo con mis padres hacia nuevos horizontes lejanos. Aquel escritor amado que supe que lo habían matado por boca del médico amigo de mi padre, en la misma consulta que me confirmó mi embarazo.

En esos momentos de recogimiento, buscaba recuperar una infinidad de sensaciones invisibles que incansablemente me rondaban. Quería reproducir en mi memoria, las situaciones y las circunstancias relacionadas con mi pasado. Estaban atrapadas en esa indefinida dimensión de tiempo, lejos de las limitadas fronteras de lo material.

Mi memoria permanecía intacta, recordaba cada detalle y cada momento de mi vida como si lo estuviera viviendo en ese instante. Mis recuerdos afloraban al exterior, mientras él me escuchaba en silencio, sin hacer la más leve interrupción.

Le conté que iba a conocer a su hijo porque antes de partir le había confesado toda la verdad y él vendría a visitarlo con su nuera y sus dos hermosos nietitos. Y así seguí hablando, poniéndolo al día de todos los momentos de mi vida. Era completamente feliz, porque seguía perdurando en mí esa sensación de cariño y ese amor profundo en mi alma.

¿Era esa realidad, un conjunto de sueños? Porque en esos sueños volví a reunirme con mi amado en aquel parque de Barcelona. En esa cita habíamos vuelto a ser jóvenes y me asombraba al verme caminar del brazo de él después de tanto tiempo, eligiendo los caminos menos transitados.

Me extrañó ver que apenas habían cambiado, como si el tiempo estuviera quieto y no corriera. Como si todos esos atardeceres a pesar de ser distintos, siguieran siendo los mismos.

Y en ese el anochecer, me sorprendí al ver a los árboles y a la luna permanecer inmóviles y respetuosos ante aquel sublime acto de amor que engendrara una vida envuelta en la poesía. Era como si el reloj sombrío que medía indiferente las horas tristes de mi existencia, se hubiera parado de felicidad para siempre.

El duendecillo del parque

En el ocaso del día, mientras el sol caía provocando un resplandor rojizo en el cielo, en ese inmenso parque Avellaneda, el viento hacía mover las ramas de los árboles. De pronto, la luna apareció en el cielo anunciando la llegada de la noche, en tanto algunas nubes oscuras que se acercaban raudamente a lo lejos, auguraban un repentino chaparrón.

Cuando el día llegó a su fin, la luz de la luna bañó el lugar inundándolo todo con un resplandor grisáceo. Fue allí que emergió de un rincón oscuro entre los árboles, la figura minúscula y pálida de un duendecillo.

Alzó la vista y sonrió al observar ese gran parque donde residiría, que seguramente de día estaría lleno de niños. Aunque todavía era un duendecillo muy pero muy pequeñito, porque recién había nacido, ya tenía el ansia incipiente de hacer travesuras.

De pronto se desató la tormenta y comenzó a llover. Esto lo obligó a decidirse rápidamente a buscar un lugar seguro donde pasar esa primera noche. Luego de deambular por diversos senderos, finalmente penetró en la primera casa que encontró frente a ese mismo parque.

Corrió por un pasillo completamente oscuro y se introdujo en una caja de luz destapada que estaba detrás de una puerta. Luego se deslizó por una cañería hasta llegar a la caja de un tomacorriente ubicado en un lugar iluminado, inmovilizándose entre la oscuridad de los cables. Estaba de suerte para su primera travesura, porque de inmediato percibió por los agujeros del enchufe a un bebé que gateaba sobre la alfombra de un living.

El niño se detuvo de repente, porque algo lo había sobresaltado. Observó a su mamá tejiendo normalmente y luego con un movimiento desvió su vista hacia el enchufe donde se había escondido el pequeño duendecillo, que esperaba con mucha paciencia.

Mientras tanto, el perrito mimado de la casa que estaba echado descansando en una silla junto a la ventana, al percibir esa presencia extraña se le encendieron sus ojos huraños y chispeantes. Luego, encogió la nariz y con el pelaje erizado miró hacia el enchufe con una mueca de desprecio y mostrando los dientes, emitió un gruñido de fastidio.

La madre, que abstraída estaba tejiendo un pulóver de lana, dejó el tejido con las agujas de tejer y el ovillo sobre el sofá, para ir a la cocina a preparar la cena. Entonces, el perrito aprovechó para saltar al sofá y comenzó a jugar con el tejido, haciendo caer las agujas metálicas, que hicieron un pequeño ruido entre si. La madre se sobresaltó y se asomó al living tratando de ubicar al chico, pero nada extraño notó.

Cuando la madre volvió a la cocina, el bebé observó las agujas de tejer en el suelo, mientras el duendecillo colocaba sus dos ojos brillantes en los agujeros del enchufe. El niño agarró una aguja en cada mano y con su alma inocente, observó excitado los dos agujeros brillantes del tomacorriente que le intrigaban sobremanera. El duendecillo travieso estaba expectante y una vibración de alegría lo sacudió, mientras el bebé se acercaba lentamente con las agujas metálicas en sus manos.

El bebe sentía como que los ojos del duendecillo en el tomacorriente lo atraían y al principio le pareció demasiado lejano. Pero poco a poco, al desplazarse por la alfombra, esa atracción que había estado tan lejos, estuvo cada vez más cerca y se fue haciendo un deseo irresistible.

Entonces, con bastante dificultad, trató de clavar las agujas en los dos orificios, mientras el duendecillo sonreía divertido. Pero en un instante antes de que el bebé ya introdujera las agujas, el perrito saltó sorpresivamente. Mientras el bebé caía sentado, el animalito recibió la descarga eléctrica, profiriendo un aullido lastimero.

La mamá al escucharlo corrió hacia el lugar pensando que algo le había pasado al niño y al ver al pobre perrito con el pelo erizado, atinó a llamar urgentemente al veterinario en forma desesperada. Mientras tanto, el maltrecho perrito estaba muy orgulloso y mantenía los ojos fijos dirigidos hacia el enchufe, como alertando a su dueña de la presencia del duendecillo.

Sin embargo, dentro de la caja del tomacorriente en penumbras solo había soledad, porque el duendecillo decepcionado, se había trasladado a la caja del tablero principal de luz. Ese era un lugar más seguro y tranquilo para pasar la noche. Mañana buscaría un albergue seguro en el parque y otros objetivos más sencillos y menos peligrosos para realizar sus travesuras.

En el atardecer del día siguiente, en un hermoso sendero de aquel inmenso parque donde había nacido, el pequeño duendecillo observó con una inmensa sonrisa, cómo unos niños jugaban, correteaban y gritaban…

Envuelto en dos mundos

Estaba sentado en un banco del parque Avellaneda, bajo un frondoso árbol en esa florida primavera. Disfrutaba de la tibieza de los rayos del sol de la tarde, que atravesaban el follaje como luces plateadas. Había como una niebla en su mente cuando trataba de hurgar en sus recuerdos. Sentía que su vida estaba envuelta en dos mundos: el de la placentera realidad de ese momento y el indescifrable ayer, que estaba perdido en su conciencia.

Flotando en esa suave fragancia del parque, trataba insistentemente de recordar y al fin, poco a poco, fue percibiendo como mágicamente su mente se iba deslizando hacia una hermosa mansión, rodeada de grandes jardines. De pronto, estremecido en lo hondo de su conciencia, surgió ante él la imagen de un gran incendio.

El fuego era contenido aquí o allá y se libraban escaramuzas e incluso batallas contra aquella energía múltiple. Observaba a las autobombas de los bomberos, que levantaban las escaleras como enormes corceles, que habían expuesto los cuellos al enemigo y libraban enfurecidos la batalla.

El edificio sentía dolor y se podía notar como una por una, las defensas que se enfrentaban al ataque se desplomaban. Se encontraba consternado observando en un lugar alejado ese dantesco espectáculo, cuando un trozo de mampostería se desprendió violentamente como un proyectil e impactó en su cabeza. A partir de ese momento, ya no pudo recordar nada más y ya no supo quien era, ni quien fue.

Cuando despertó ya en el anochecer, su mente estaba como perdida en la nada y desesperado sólo atinó a caminar sin rumbo, tratando de salir de ese letargo. Transitó bajo los primeros rayos de la luz de la luna que caían rotos sobre el empedrado de las calles oscuras, respirando una mezcla de paz y misterio. Finalmente ya muy tarde en la noche, llegó a ese inmenso parque Avellaneda y se durmió en un banco.

Se despertó al amanecer, sin nada comprender, sin saber como se llamaba, ni donde estaba. Fue allí que comenzó a sentir el grato aroma de las flores de la primavera y a percibir el gorjeo de los pájaros, mientras veía el nacimiento del sol con sus duendes dorados en el límpido cielo azul. Más tarde compartió la alegría de los chicos que jugaban en el parque, bebió agua pura y gozó de la belleza de las fuentes, entre las majestuosas estatuas del parque.

Ahora, ya en el atardecer, estaba sentado en ese mismo banco, percibiendo que lentamente se iba encendiendo la luz en su mente y ese rememorar, lo remontó hacia unos días de alegría y amor.

Eran los momentos de felicidad y de pasión desenfrenada, que tuvo con aquella humilde adolescente de los besos largos, fragantes de juventud. Claro que después se convirtió en su esposa y con el pasar del tiempo, en la aristocrática señora de la mansión.

Y de pronto, la figura de la señora apareció en su mente. Estaba en aquella fiesta en el jardín, hablando de banalidades con otras mujeres estiradas, portando atrevidos y pomposos vestidos, tratando de darse vuelta seductoramente sobre sus apretados talles.

Por todas partes estaban los mozos con sus cuerpos echados hacia atrás, levantando con cuerdas un gigantesco toldo en lo alto. Sucedía que la gran dama, deseaba realizar sus festejos bajo un vergel sin sol, sin imaginar que iba a ser el origen de aquel tremendo incendio.

Cuando finalmente fueron resurgiendo en su conciencia todos los recuerdos de su vida, percibió claramente que el ayer de su existencia era muy distinto del ser humilde y sencillo que estaba sentado en ese banco. Había en su mente dos mundos diferentes y separados, que se oponían entre sí.

En esos momentos, mientras la paz inundaba su alma, disfrutaba de los dones de la naturaleza y de la hermosa sensación de vivir. Para nada le preocupaba ahora el dinero y que se hubiera quemado su mansión, porque sin quererlo había escapado de esa vida, signada en la vorágine de la riqueza.

En esos momentos de regocijo, no deseada una mujer envuelta en el egoísmo y la ostentación. No quería un coche último modelo, chóferes, mozos y mucamas, porque pensaba huir de esa vida insulsa de frialdad y falsa distinción.

Pero de repente, mientras observaba con deleite como el sol lentamente se ponía en el ocaso y comenzaba a brillar como una burbuja rojiza, comenzó a sentir algo de frío y una incipiente sensación de hambre. Fue allí que percibió claramente en su interior como en ese agónico descenso, la luz del sol iba partiendo lentamente junto con esos sueños.

Hasta que cuando se apagó el último rayo, la oscuridad ganó a su alma y también a ese mundo en el que se encontraba inmerso. De esa manera, ese mundo ilusorio se fue extinguiendo parsimoniosamente entre las sombras.

Fue en el preciso instante que comenzaron a encenderse las luces artificiales del parque Avellaneda, cuando se percató que se acercaban dos policías que lo estaban buscando insistentemente por todas partes. De esa manera, retornó mansamente a lo que quedaba sin quemar, de aquel otro mundo de la realidad, en que estaba envuelto en el día de ayer.

La habitación en penumbras

En aquella habitación en penumbras, su memoria trataba de apartarse de ese reciente pasado. Esa soledad que lo rodeaba, estaba inmersa en una ansiedad que ahora había invadido completamente su vida atormentada de escritor. Mientras buscaba acallar su conciencia. El péndulo del reloj de pie que como era una caja negra alta y estrecha apoyada en una de las paredes, hacía sonar su acompasado tic-tac.

No podía concebir la magnitud de cuánto la quiso, pero ese amor fue tan devastador que enfermó su mente. Atrás había quedado la parte feliz de su vida, la parte triste y angustiosa estaba diseminada ahora en toda su alma.

Se conocieron durante el primer año de carrera en la Facultad de Filosofía y Letras, porque ambos estaban en el mismo curso. Nunca se dirigieron la palabra, hasta que un día cualquiera coincidieron en la salida por la explanada y allí empezó todo. Ella fue el primer y único amor de su vida, que duró solo unos años, hasta que sucedió todo aquello.

Se encontraba ahora consternado y nervioso, en esa habitación oscura de su casa que sentía fría y vacía.

Estaba ubicada justamente frente a ese enorme parque Avellaneda, rememorando nuevamente aquellos hechos que lo martirizaban. Por su cuerpo recorría un escalofrío y se sentía débil, como si sus fuerzas lo hubiesen abandonado, como si su alma ya hubiese partido dejando solo un cuerpo moribundo.

En las penumbras de esa habitación se encontraba en un mundo extraño, donde parecía que todo aquello siempre estaba danzando y danzando en su cerebro, acompañado por ese tic-tac acompasado.

Sus recuerdos, simplemente vagaban por su cabeza, como si se repitieran permanentemente, y nunca hubiesen terminado. Nuevamente recordaba con dolor aquellas palabras de amor, las mismas que le causaron en otros tiempos tantas sensaciones de felicidad. Pero ahora esos pensamientos lo torturaban profundamente.

Ese reciente pasado, ya le resultaba algo lejano e irreal. Al menos eso le parecía hasta hace un rato, cuando resurgieron nuevamente en su mente con toda su intensidad, aquellos celos enfermizos que tanto le habían obsesionado. En aquel entonces le habían producido una desconfianza tan absoluta, que la persiguió con una perseverancia atroz, sospechando de un compañero de oficina, donde ella trabajaba.

Cuando ella partía hacia su trabajo y él se quedaba en esa casa escribiendo, su mente enfermiza esperaba ansiosa que ella volviera. Se aferraba con toda su alma a la ilusoria esperanza de que a pesar de esa corta separación, aún no lo hubiera traicionado.

Para él, no había nada más amargo que ese misterio sobre el comportamiento de ella y el sentimiento de impotencia lo envolvía. Aquellos celos, ni con la resignación lograba reducirlos y menos aún superarlos. Sabía que ella estaba allí en la oficina, pero no sabía que pasaba. Era muy triste pasar las horas escribiendo, mientras esperaba que la figura de ella volviera atravesando el umbral. Pero ahora ella ya no estaba y ya nunca más estaría allí.

El había salido de su casa y caminaba sumergido bajo las sombras de los árboles del parque. El aire era puro y fresco y podían verse diminutas nubes en el cielo tenuemente anaranjado. La puesta del sol estaba cercana y como no había nadie en los alrededores, su deambular estaba signado de silencio.

Su conciencia estaba como perdida en la nada y era impulsado por una fuerza que no llegaba a comprender, respirando una mezcla de paz y misterio. ¿Acaso había algún espíritu irreal que deambulaba por el parque?

Cuando incidían los últimos rayos del sol, se sentó en un banco para poder buscar algo de calma, contemplando los últimos estertores de ese hermoso y sereno atardecer.

Fue allí, cuando repentinamente sintió en el medio de su pecho un estremecimiento agudo, al distinguirla a lo lejos en otro banco. Era un rincón del parque que estaba solitario, encerrado en la poca luminosidad. No podía ser que sea ella después de todo aquello, pero allí estaba… sentada con su amante.

Cuando los reconoció se le congeló la piel y otra vez le hirvió la sangre de su cuerpo con aquellos celos iracundos. Pero ahora se quedó paralizado y no atinó a nada. De inmediato sintió que la desesperación y el pánico inundaban su alma, por lo que emprendió la huida, regresando presurosamente hacia su casa.

Y era en esa habitación mirando al parque por la ventana donde se encontraba ahora inmerso en esos pensamientos, ya en las penumbras del anochecer. ¿Acaso no murieron? ¡Pero si ya hacía ya más de un año que los había matado!

Había simulado un viaje al interior del país por una semana para concurrir a un festival literario, pretextando que tenía que presentar unos trabajos. Pero realmente lo que hizo fue acechar la casa pacientemente durante ese tiempo de ausencia. Hasta que una noche sus sospechas se confirmaron plenamente, cuando los observó bajar de un taxi de regreso de la oficina.

Había actuado fría y rápidamente, sin cometer errores. Esperó un buen rato y luego penetró sigilosamente en la casa y al encontrarlos juntos en la cama, no les dio ninguna posibilidad de reaccionar. Irrumpió sorpresivamente en la habitación con un revólver, les apuntó con certeza y apretando rápidamente varias veces el gatillo, fue descargando alternativamente el cargador sobre ellos para vengar esa traición.

La sangre brotaba fácil de esos cuerpos desnudos que habían quedado uno sobre otro, era roja oscura y brillante y el reguero comenzó a desparramarse por la cama. De pronto se encontró completamente solo, invadido por una angustia infinita. Sintió unas inmensas ganas de llorar y las lágrimas empezaron a brotar inundando sus ojos sin poderse contener, mientras su mente desvariaba y todo le parecía irreal.

Un rato después y ya más calmado miró a su alrededor. El silencio lo envolvía y sólo percibía el ruido acompasado del péndulo del reloj. En ese ambiente macabro, en su imaginación le parecía un ataúd, midiendo indiferente el devenir del tiempo.

En realidad no había usado todo el cargador, porque la última bala la había reservado para matarse. Pero luego cambió de idea. Pensó fugazmente que ya no habría ya más celos angustiantes y penosas interpretaciones.

Entonces, recapacitó fríamente y decidió enterrarlos bajo esa misma cama y eliminar toda prueba. Con gran paciencia llevó a cabo el trabajo de la excavación en forma prolija y ordenada. La alfombra quedó impecable y nadie con uso de razón podría imaginar que allí, bajo esa misma cama, yacían sepultados dos cuerpos humanos uno arriba del otro, tal cual como los había encontrado y matado.

Fue un crimen perfecto, porque eliminó todas las evidencias y como el amante era un ser solitario y aventurero, no hubo ninguna denuncia. La gente conocida aceptó la hipótesis que se habían fugado juntos.

Pero, en aquel momento atenazado frente a la ventana, por más que tratara de olvidar las situaciones y las circunstancias relacionadas con aquel hecho siniestro, estaba atrapado por la incertidumbre y el miedo. Su mente vagaba lejos de las limitadas fronteras de lo material, mientras oía el tic-tac acompasado del péndulo del reloj.

La fría oscuridad lo oprimía y en medio de su locura percibía claramente una incitación a la muerte. Era una necesidad que se iba acrecentando lentamente en su mente y no se podía oponer. Perseguía en su memoria la luz de la sensatez, pero cuando la hacía subir a la superficie, se apagaba justo en el momento que se iba a convertir en razón.

De pronto sintió un escalofrío, pero nada observó, las sombras todo lo habían invadido y las luces estaban apagadas. Había una soledad extraña en esa habitación fría y vacía y mientras una brisa helada movía las cortinas, su mente desesperada lo incitaba más y más a tomar aquella determinación.

Entonces, se desplazó hasta alcanzar el revólver que había escondido en un compartimiento oculto de la mesa. Su mano estaba ahora muy tensa y la aferraba con fuerza. Finalmente, no pudo soportar más aquella necesidad que había invadido a su mente y entonces, con un rápido movimiento ascendente del arma, la apoyó en su sien y disparó.

Un suspiro, con una leve exclamación fueron suficiente y ese sentimiento de desesperación comenzó a desvanecerse lentamente de su mente, hasta que ya la nada envolvió su existencia. Tan sólo habían quedado frío, soledad y muerte en esa habitación en penumbras. Habitación que había quedado impregnada de un silencio profundo, al cesar misteriosamente el tic-tac acompasado de aquel reloj de caja negra y estrecha, parecido a un ataúd.

El cuaderno de clase

Llegué caminando a mi vieja casa frente al parque Avellaneda donde vivía, que finalmente habían logrado conservar mis padres con muchísimos esfuerzos económicos. Ahora la había remodelado a nuevo y lucía resplandeciente.

Ya iba a entrar, cuando me llamó la atención unos niños que dibujaban en sus cuadernos, en un sendero de piedras del parque. Me detuve un instante para observarlos, porque los recuerdos me remontaron hacia los días de mi infancia, cuando yo también muchas veces dibujaba con mis compañeros allí en ese parque.

En aquella época, mi padre era Gerente ejecutivo de una Empresa multinacional y vivíamos muy bien, pero un día lo despidieron del trabajo y le fue imposible lograr otro puesto similar, como él obcecadamente pretendía. Luego de un tiempo bastante largo de desocupación, teníamos que hacer grandes esfuerzos económicos con mis padres, para poder subsistir.

El presupuesto familiar se había reducido cada vez más. La dilapidación en las épocas de bonanza, las malas inversiones y la situación económica general, nos habían llevado a adquirir muchas deudas. Ello originó que varias joyas de mi madre, que otrora habían relucido en pomposas reuniones y fiestas, debieran ser empeñadas.

Por otra parte, los pequeños ingresos que podíamos obtener por algún trabajo ocasional de mi padre, no alcanzaban para pagar los gastos y las obligaciones contraídas. Ya no nos quedaba otra alternativa que la de iniciar una nueva existencia en completa austeridad.

Sin embargo, mi madre no podía aceptar que todo aquel bienestar ya había terminado y con un falso orgullo, trataba de disimularlo con nuestros familiares y amigos de todas las maneras posibles.

El espíritu de mi madre permanecía siempre impregnado de aquel esplendor y quería volver hacia atrás, aferrándose como una evocación histérica a un tiempo pasado de opulencia. Pero no lograba consuelo, porque estaba muy lejos de ella aquella casa llena de abundancia, donde en esos momentos por sus ventanas, únicamente la incertidumbre penetraba en las habitaciones.

Los cuadernos, lápices, escuadras, pinturas y demás útiles que yo necesitaba para la escuela, los habíamos dejado de adquirir en el local de la librería del Centro Comercial cercano a nuestra casa.

La dueña, era una mujer conocida por mi madre desde hacía muchos años y se reunían periódicamente en la Comisión de damas que integraban el Círculo

Filantrópico del parque. Era un grupo de mujeres, que con lujosos vestidos, llenas de frialdad y falsa distinción, hablaban siempre de banalidades.

Mi madre que adoraba esas tertulias, ya no concurría a ellas y sentía una mezcla de rabia e impotencia que le brotaba incontenible, al comprender que no le había quedado otra salida. En tanto yo, con una constancia certificada de la desocupación de mi padre, conseguía que me entreguen gratis todos los enseres para estudiar, en la Proveeduría Comunitaria de la escuela.

Un sábado por la tarde, debía realizar la tarea de dibujar un paisaje florido en el parque, que la maestra nos había encomendado. Pero mi cuaderno de clase estaba completo y necesitaba otro urgente. Mi madre no quería bajo ningún concepto que su amiga del Centro Comercial se enterara de aquella difícil situación económica que vivíamos. Sin embargo, como la Proveeduría cerraba los sábados y domingos, no tuvo otra alternativa que deshacerse de un dinero y mandarme allí a comprarlo.

La dueña de la librería era una mujer bastante activa ya entrada en años, pero que aparentaba muchos menos de los que realmente tendría, porque se había hecho algunos retoques faciales.

Tenía un maquillaje impecable y siempre estaba elegantemente vestida haciendo alarde de ostentación y fijándose en todo. En su vida había permanecido soltera y mi madre siempre me decía que se debía a que su carácter era tan soberbio y engreído, que ningún hombre podría aguantarla.

A la mujer le había llamado la atención que mi madre no fuera más a las reuniones del Círculo del parque y que concurriera al Centro Comercial en forma muy espaciada, evitando pasar por su negocio. Fue así que al verme, esbozó una sonrisa y hábilmente trató de satisfacer todos esos interrogantes.

—¿Dónde compra los cuadernos tu mamá? —me preguntó de sopetón, después de un breve saludo.

Conociéndola bien, mi madre me había puesto las mejores prendas y dado precisas instrucciones de que no le dijera absolutamente nada, porque no quería darle el gusto que se entere de lo que nos pasaba.

—No sé —le dije algo asustado, pero en forma seca y terminante.

La mujer no se dio por vencida y continuó la indagatoria.

—Pero tu mamá tiene que comprarlos en otro lado. ¿No te parece?

—No sé —repetí con gesto adusto.

—Porque... tu mamá hace bastante tiempo que no viene por acá...

—¿No sabés por qué será? —insistió.

—No sé —volví a repetir tenazmente, siguiendo las directivas de mi madre.

Ya a esta altura, ella había comprendido que yo no le diría absolutamente nada y que siempre le contestaría "no se" por más que insistiera. Entonces, decidió sonsacarme la información en forma más sutil.

—No será porque los cuadernos… ¿te los dan en la escuela? —me preguntó de golpe. Su rostro maquillado estaba inclinado hacia adelante, mientras que por debajo de sus remarcadas cejas se abrían paso sus ojos, que emitían un fulgor extraño, esperando ansiosamente mi reacción.

Nunca pude entender por qué esa pregunta me desorientó por completo. Tal vez sea porque fue hecha repentinamente. Tal vez sea porque estaba dirigida en forma imperativa directamente a mí, o tal vez sea porque realmente no quise mentir.

—Sí —le contesté automáticamente.

Y al darme cuenta inmediatamente de la metida de pata, me puse colorado como un tomate. Trataba de reflexionar, pero tomado de sorpresa en mi inocencia, mi mente estaba como perdida en la nada. Todo se disolvía en la frustración de lo encomendado por mi madre, mientras el corazón me latía intensamente.

En ese momento, la satisfacción que se había manifestado en torno de los ojos de ella se expandió a todo su ser, al corroborar lo que suponía. Porque ella sabía muy bien que se daban gratis a los indigentes los cuadernos en la Cooperativa de la escuela. De esa manera, había confirmado la precaria situación económica de nuestra familia, que ya había intuido por el estado de deterioro de la casa y la actitud esquiva de mi madre.

La mujer había logrado el objetivo y por un instante se quedó mirándome satisfecha y condescendiente. Luego sonrió y con una expresión de felicidad que iluminaba su rostro y una mirada socarrona y maliciosa, me dijo que me regalaba el cuaderno.

Cuando yo escuché eso, me olvidé automáticamente de todo, porque pensé que mi madre se alegraría muchísimo por ese regalo, dado que había ahorrado el dinero. Entonces, le agradecí entusiasmado. Al salir, percibí en mi cuerpo que un torrente cristalino de felicidad y volví corriendo a nuestra casa muy contento con el cuaderno y el dinero en cada mano.

Al llegar, grande fue mi sorpresa porque no podía llegar a comprender la cara que puso mi madre, destilando rabia, humillada y abochornada, cuando le conté todo. En ese momento buscaba hallar las respuestas, que no lograban colarse a través de las rendijas y cerraduras de los postigos de mi inocente alma infantil.

Ahora parado allí en la vereda de mi casa sigo observando a esos chicos dibujando en sus cuadernos en ese sendero lejano de piedras, como lo hacía yo cuando era pequeño. Esa contemplación embarga de emoción a mi alma, mientras el parque comienza a ser invadido lentamente por la sombras del atardecer.

Sueño y realidad

Cuando abrió los ojos, reconoció los árboles de eucaliptos que le ocultaban el cielo. No necesitó levantarse para saber que estaba durmiendo en un banco del parque Avellaneda. Entonces, volvió a cerrar los ojos y comenzó a recordar que en la noche anterior había matado a su mujer y a su mejor amigo. Se puso de espaldas y se desperezó. Fue allí que su mente regresó a lo sucedido, como si estuviera recordando una pesadilla.

Él trabajaba como guardia nocturno para una empresa de seguridad en ese parque, que estaba frente mismo a su casa y ese trabajo duraba toda la noche. Luego de cenar en abundancia y tomado bastante vino, se despidió de su mujer a las diez de la noche y partió caminando hacia el Parque.

Cuando llegó, comenzó la rutinaria ronda de control. A eso de las doce de la noche tenía algo de somnolencia y se sentó en un banco para descansar. Fue allí que le asaltaron esas continuas inquietudes que últimamente le estaban martirizando el alma y que le había provocado muchas días de insomnio.

Normalmente regresaba del trabajo a media mañana, pero esa noche tuvo un presentimiento y decidió regresar a su casa en forma imprevista, atravesando el parque iluminado por la luz de la luna. Al llegar a la puerta de su casa, un brillo en el pasillo lo detuvo. Era una bicicleta y no necesitó acercarse para reconocerla, porque la luna reflejada sus rayos nuevos. Era la bicicleta de su amigo.

Entonces, pensó que no se había equivocado. En las últimas semanas había presentido que su mujer lo traicionaba. Era rara la vez que, al regresar a su casa por la mañana, que no encontrara allí a su amigo desayunando con su mujer, quien festejaba con ruidosas carcajadas cada tontería que le decía. ¡Y ahora su amigo estaba allí en su casa a las doce de la noche!

Abrió la puerta y el ruido desordenado dentro del dormitorio le reafirmó lo que ya imaginaba. Se quedó parado en el living con el cuchillo en su mano, esperando que se abra la puerta.

Cuando ellos salieron, rememorar los detalles de todo lo sucedido le resultaba en esos momentos dificultoso. Su mujer gritando al recibir la primera puñalada. Su amigo buscando alcanzar la puerta y la hoja penetrando profundamente en su espalda, antes de verlo caer en el piso. Finalmente recordaba su rápida huida hacia el parque en esa trágica noche. Y ahora estaba confuso, acostado en ese banco pensando que hacer, mientas el sol le comenzaba a dar en la cara.

No se iba a entregar, porque la cárcel no era para él. No iba a dejar que un juez decidiera si lo que había hecho estaba mal o bien. Además pensaba que ellos se lo habían buscado. Su mujer se lo merecía por haberlo traicionado y su amigo por ser un desagradecido, dado que él había sido el único que lo ayudó a conseguir un trabajo, para sacarlo de esa vida de indigencia que llevaba.

De pronto, escuchó una sirena de un auto de policía pasando por la calle y pensó que seguramente ya los habían encontrado. Entonces, no perdió tiempo porque sabía que saldrían a buscarlo inmediatamente. Caminó por ese extenso parque de cuarenta hectáreas que conocía muy bien, alejándose prestamente de su casa.

Tomó por un sendero intrincado que se apartaba del camino principal, pasando entre densas arboledas hasta llegar a un lugar apartado cercano a la estación de peaje de la autopista, ubicada en uno de los recodos del parque. Allí encontró un tronco solitario oculto entre unas ligustrinas y se sentó, para planear los próximos pasos a seguir. Llegó a la conclusión que debía permanecer escondido durante todo ese día, dado que si salía sería fácil de identificar.

Permaneció en ese lugar dormitando y a cada rato cuando se despertaba, recordaba y repasaba lo sucedido. A la falta de culpa se le había sumado una carencia total de tristeza por la muerte de su mujer. Envuelto en la incertidumbre del futuro que debería enfrentar a partir de ese momento, lo único que lamentaba era que no contaba con suficiente dinero, el que había quedado en su casa con sus pertenencias.

Finalmente comenzó a oscurecer, cuando el sol fue cayendo en el horizonte, y el silencio lo fue cubriendo todo. Decidió entonces que era el momento de salir y se dirigió nuevamente a su casa para poder observarla escondido desde el parque, si realmente la policía había descubierto los cuerpos. En el caso eventual que no fuera así, trataría de entrar y recuperar algo de sus pertenencias y fundamentalmente el dinero que le sería imprescindible para huir.

Entonces se acercó, caminando entre los árboles por los senderos menos transitados y oscuros, que eran sólo iluminados por la luz de la luna como en el la noche anterior.

Cuando llegó frente a su casa, oculto tras los árboles del parque, observó que todo estaba tranquilo y en silencio y no había ningún policía por los alrededores. De pronto, un frío le recorrió la espalda cuando observó que en el living había una luz encendida. El desconcierto lo había atrapado, pensando si la había dejado encendida al escapar la noche anterior.

Entonces se hizo de valor, cruzó la calle empedrada y se acercó sigilosamente a su casa. Al llegar, allí estaba en el pasillo, la bicicleta nueva que conocía muy bien, apoyada en la pared con sus rayos relucientes bajo la luz de la luna.

Decidido, buscó la llave en el bolsillo de su pantalón, abrió la puerta y penetró rápidamente en el living. Allí quedó petrificado al ver a su mujer y su mejor amigo. Estaban vivos, sentados muy juntos en la mesa del comedor cenando tranquilamente y quedaron sorprendidos al verlo entrar tan repentinamente.

–¡Al fin has vuelto! –le dijo su mujer. Estábamos muy preocupados por tu desaparición.

–¿Dónde estabas? ¿Qué te pasó? –le preguntó luego.

Allí comprendió todo. Evidentemente aquello había sido una pesadilla y no había pasado absolutamente nada. Todo fue producto de esos presentimientos celosos que le habían causado insomnio, originándole sueños atrasados. Él no había matado a nadie.

No le respondió, porque su mente estaba envuelta en aquellos pensamientos, mientras miraba como prestamente su amigo se le acercaba sonriendo para saludarlo.

–Tu amigo estaba muy preocupado y tenés que agradecerle mucho. Se quedó acá conmigo esperándote después del desayuno, y cuando nos dimos cuenta que no llegabas, no quiso dejarme sola hasta que aparecieras –le dijo su mujer.

Imagen sobre las aguas

La casa donde nos habíamos mudado frente al parque Avellaneda era un sueño. Estaba situada de tal manera que podíamos divisar desde la planta alta gran parte de ese inmenso y bello parque. Para mí que contaba en ese entonces con trece años, ese parque ejercía una seducción mágica.

La adrenalina bañaba mi cuerpo en oleadas y no podía esperar a que se termine la mudanza, para poder ir hacia ese lugar que parecía estar llamándome. Por la mañana tuve una ardua tarea, en la que me vi obligado a ayudar con los bultos de la mudanza. Así que fue después del almuerzo, que mi padre me dejó bajar al parque y visitarlo por la tarde, pidiéndome que vuelva antes que oscurezca.

Calculé que tenía bastante tiempo para conocerlo y con eso me bastaba. Mi padre se había mudado allí para terminar de escribir su libro y buscar tranquilidad, de modo que mi enamoramiento del parque le ofrecería bastante sosiego.

Esa tarde después de un tiempo prudencial ya había visitado la calesita, los juegos de niños, la pista de atletismo, las piletas y el centro polideportivo, hasta que finalmente fui a la estación y viajé en el trencito, con el que recorrí prácticamente todo el parque.

Ya al caer la tarde, estaba por retornar a mi casa, cuando me llamó poderosamente la atención un sendero intrincado entre los árboles con unas extrañas estatuas de madera. Entonces, decidí internarme movido por una fuerza interior que me arrastraba.

Mientras avanzaba entre esos inmensos árboles tan entrecruzados, las penumbras me rodeaban, dado que la luz del sol, ya en el ocaso, casi no podía filtrarse entre ellos. Estaba algo asustado y por más que me esforzaba, no podía ver el final del sendero, que parecía extenderse indefinidamente. Toda esa incertidumbre fue engrosando el halo de temor que se había instalado en mi mente infantil.

Sólo tenia una idea fija en la cabeza y era averiguar donde era que terminaba y que secreto ocultaba esa senda extraña. Hasta que finalmente me encontré con un claro, donde había una gran tina con agua destinada al riego de las plantas del vivero.

Parecía un lugar mágico y misterioso escondido entre los árboles. Entonces todavía algo asustado me acerqué al borde de la tina y al ver mi reflejo sobre el agua, a duras penas pude ahogar un grito de horror. La figura que me devolvía el agua parecía que no era mi imagen, porque no reflejaba fielmente los movimientos de mi cuerpo.

Entonces, cerré los ojos para asegurarme de que mi vista no me había engañado. Al cabo de unos instantes miré de nuevo y no me era posible dudar, dado que la imagen que se reflejaba en el agua parecía que tuviera vida propia.

Fue allí que repentinamente me sentí como paralizado por el miedo. No podía moverme y era como si estuviera atado de pies y manos, contemplando la figura reflejada sobre el agua. Poco después, la imagen movió una mano hacia arriba. Me di cuenta de que yo también lo hacía inconscientemente imitando sus gestos.

Entonces, me pareció que la imagen que estaba sobre el agua de la tina era el ser vivo y yo el reflejo. En aquel momento, presa del pánico hice acopio de todas las fuerzas que me quedaban, emití un grito terrible y escapé despavorido de allí.

Hoy que ha pasado tanto tiempo todavía me pregunto si este primer recuerdo de mi infancia, no es más que uno de los tantos misterios que encierra ese inmenso y maravilloso parque Avellaneda.

La escuela del parque

Después de muchos años de residir en España, retorné a Buenos Aires y me había tocado votar en la misma escuela primaria del Parque Avellaneda, donde concurrí en mi infancia. En esos momentos, estaba parado en el patio donde realizábamos los recreos, haciendo la cola para emitir mi voto. El patio me parecía ahora mucho más pequeño.

Cerré los ojos con nostalgias y al abrirlos, las imágenes del pasado comenzaron a entrelazarse con las del presente. De repente, apareció en mi mente un niño rubio de tez pálida y ojos vivaces que me sonreía. Tenía un delantal blanco y se me hizo un nudo en la garganta al recordar mi imagen escolar después de tantos años.

Mi mirada recorría el lugar. Allí estaba todavía aquel enorme árbol bajo el cual jugábamos. En un costado estaba el mástil donde izábamos la bandera por las mañanas, haciendo fila sobre ese piso de baldosones y donde celebrábamos las fiestas patrias. De pronto, junto al enrejado que daba al parque, divisé la silueta de unas manos que se levantaban llamándome y reconocí a mis compañeros de grado, con quien disfrutaba jugando en los recreos.

—¡Señor, señor! ¿Usted está en la cola?

Al escuchar esa voz femenina reaccioné de mi en-
sueño. Noté que las personas que estaban delante mío
en la fila ya habían entrado. Sonreí sorprendido al no-
tar que había estado parado como una estatua, abs-
traído por completo frente a ese patio que me había
transportado a otros tiempos de mi vida.

Una joven, que evidentemente era la presidenta
de mesa, me contemplaba con curiosidad cuando me
aproximé.

—Su documento de identidad por favor —me pidió
la mujer.

Prestamente se lo entregué, tras lo cual los miem-
bros de la mesa que la acompañaban, buscaron mis
datos en el padrón electoral y al encontrarlo, mencio-
naron mi nombre.

La joven levantó la vista al escucharlo, dejó por un
instante la lapicera que tenía en su mano y me dio el
sobre firmado para votar, indicándome que ya podía
pasar al cuarto oscuro.

Como vio mi gesto de indecisión, me señaló la habita-
ción donde debía votar. Entonces crucé el pasillo interior
para dirigirme a lo que había sido en aquellos tiempos
la dirección de la escuela. Con el corazón palpitante, me
detuve exactamente frente a esa misma puerta, como lo
había hecho en aquel día de mi infancia y mi imagina-
ción tendió un puente que vinculaban ambas épocas.

De esa manera, por un momento volví a ser aquel niño que golpeó suavemente la puerta y luego penetró en ese local empujándola lentamente. Era una amplia habitación que tenía una ventana estrecha, tras la cual se divisaba en aquel entonces el hermoso parque. La habitación estaba ahora con las cortinas cerradas y me parecía algo más chica. Todavía permanecía aquel escritorio, pero estaba llena de armarios, sillas y mesitas cubiertas con papeles, mapas y muchos retratos.

Me detuve en la puerta con expresión sumisa, mientras los ojos de la directora detrás de su escritorio me observaban escrutadores. Era una mujer muy joven, con un largo cabello rubio y un rostro muy amigable. Su mirada tenía ese sentimiento de amor e indulgencia rodeado de disciplina, que caracterizaba a los docentes de aquel entonces.

Ella me conocía y me quería bastante, porque había sido mi maestra de primer grado y luego fue promovida a directora unos años después. Luego de tanto tiempo yo la recordaba con muchísimo cariño.

–¿Qué te pasó? –me preguntó.

–Y… la señorita me pidió que estuviera callado… y… –le dije balbuceando.

–Bueno, siempre ocurre te lo mismo. Ya sabés que ella quiere tener un poco de orden en la clase y vos te la pasás charlando.

–Vení, acercate al escritorio, tomá este papel y empezá a escribir. "No debo hablar en clase" hasta que suene el timbre para el recreo.

Entonces, hombre y niño dirigimos nuestros pasos hacia ese viejo escritorio, sobre el cual, ahora estaban apiladas las boletas de los distintos candidatos.

Y mientras introducía el voto dentro del sobre, las lágrimas asomaron en mis ojos al verme escribir interminablemente aquellas frases en el papel. En ese momento, ambos estábamos muy juntos en ese cuarto oscuro, unidos nuestros sentimientos en los límites del tiempo y del espacio.

Cita en el parque

Esa tibia tarde de primavera invitaba a disfrutar de los postreros rayos de sol en el parque Avellaneda de Buenos Aires. Una suave brisa jugaba con las hojas verdes que resurgían con fuerza, impulsadas por la madre naturaleza. Sus ojos recorrieron el paisaje con deleite, tratando de atrapar cada detalle de la magnífica escena de esa puesta de sol que se avecinaba. Verificó la hora. Tenía el tiempo justo para llegar al lugar del encuentro, un sitio bastante apartado de ese inmenso parque, que ellos habían descubierto.

Allí era el lugar donde la conoció hacía ya algún tiempo atrás. La candorosa belleza de la joven lo había cautivado. Mientras caminaba, pensaba que había nacido por primera vez en su vida ese sentimiento de amor, que había brotado con fuerza en lo más íntimo de su ser. Cuando ya iba llegando al lugar del encuentro, la ansiedad le hizo acelerar los pasos. Finalmente al llegar a aquel banco del parque, ella lo estaba esperando sentada y al verla, el corazón le dio un vuelco.

Estaba tan hermosa como cuando la había conocido, con su falda corta y una fina blusa blanca sin mangas. Cuando estuvo lo suficientemente cerca, ella lo divisó. Se le iluminó su bello rostro con una sonrisa y alzó la mano para saludarlo, haciéndole saber que lo estaba esperando. Él la miraba hipnotizado a medida que se acercaba. Cuando llegó y recibió el suave beso de ella, sentía en su espíritu una sensación dichosa que lo colmaba por completo. Luego mientras ella comenzó a hablarle animadamente, no podía dejar de admirar su belleza, mientras apreciaba cada delicado movimiento de sus manos y cada sonrisa dibujada en su rostro.

De pronto, en esa soledad que los rodeaba, escucharon durante unos instantes un fuerte sonido agudo. Era como si fuera el llanto profundo de un niño. Provenía de un grupo de árboles que se hallaba en un lugar cercano a donde ellos estaban.

–¿Qué fue ese ruido? –preguntó ella.

–No sé, no pude escuchar bien, pero parecía el sollozo de un bebé –le contestó él, mientras ella miraba con detenimiento hacia ese denso grupo de árboles, que parecía un minúsculo bosque aislado en ese inmenso parque.

–Vamos que tenemos que ir a averiguar –le dijo ella, con una voz cargada de ansiedad.

Cuando entraron entre esos árboles miraron a su alrededor, pero no había nadie por ningún lado. Ella comenzó a revisar frenéticamente entre los troncos y las escuálidas matas que allí crecían, en busca de algún indicio que les dieran una idea de lo que había ocurrido. El sol ya en el ocaso contemplaba la escena impasible y poco a poco, la oscuridad todo lo iba invadiendo. Entonces, él consideró que esa búsqueda no tendría éxito alguno.

–Vamos, no hay nada que hacer. Seguramente habrá sido el canto de algún pájaro exótico que ya se voló de este lugar –le dijo.

–Revisemos un poco más, por favor –le contestó ella, no dándose aún por vencida.

Él obedeció sin poder resistirse a su pedido. Entonces, se dirigió hacia unas zanjas que bordeaban a ese grupo de árboles, para ver si descubría algún rastro que pudiese satisfacerla. Sabía que ella no abandonaría la búsqueda tan fácilmente, ya que la perseverancia era uno de sus mayores atributos.

Después de unos instantes de intensa observación, se volvió y descubrió que ella ya no estaba a la vista. Escudriñó entre los árboles buscándola, pero no logró verla. Estaba desconcertado y aturdido. No habían encontrado ninguna señal de ese llanto y encima ahora ella había desaparecido misteriosamente, sin dejar el menor rastro. Su inexplicable ausencia lo trastornaba, porque no veía ningún alma por los alrededores.

De pronto, comenzó a sentir esa particular y ominosa sensación paralizante que produce el miedo a lo desconocido y el temor fue invadiendo progresivamente todo su ser. Se dirigió hacia el lugar donde ella recién había estado y lo revisó minuciosamente con nerviosismo, sintiendo que el corazón le palpitaba con fuerza.

Recorrió el lugar varias veces, como si su obstinada insistencia pudiera provocar su milagrosa reaparición. Finalmente, se quedó inmóvil, desolado y con la mirada perdida. Entonces, desesperado, comenzó a llamarla a los gritos, con la ilusoria esperanza que ella le contestara.

Los ecos de sus llamados se apagaban entre los árboles y al cabo de un rato, la garganta le dolía de tanto gritar sin que nadie le respondiera. La situación era enloquecedora. El tiempo transcurría y su mente se negaba a asimilar que ella había desaparecido de esa manera tan extraña. Las sombras de la noche, poco a poco, todo lo iban invadiendo, la angustia lo llenaba de un miedo irracional, mientras caminaba entre los árboles como un animal enjaulado.

Repentinamente, en una de esas idas y venidas, vio algo blanco tirado en el suelo y se abalanzó sobre ese objeto con ansiedad. Era la blusa de ella. La levantó y la sostuvo con firmeza, contemplándola con incredulidad, una y otra vez. Pensaba que lo que tenía en sus manos era el único vestigio que le quedaba de ella. Era la única prueba que constataba con certeza que hacía tan sólo unos instantes, ella había estado allí junto a él.

Los ojos se le llenaron de lágrimas y su grito des-
garrador rompió el silencio que lo rodeaba, mientras
que su corazón le latía tan intensamente, que sentía
que estaba a punto de estallar. Entonces, comenzó a
correr alocadamente, internándose en el parque con
la blusa en la mano, mientras todo a su alrededor, se
volvía borroso e irreal, ya en la oscuridad de la noche.

Al otro día, lo encontraron muerto tirado sobre el
césped. En la mano tenía aferrada la blusa blanca de
ella, casi pegada a su palma de tanto apretarla. Dicen
que esa mujer era su esposa y había fallecido hacía
unos años en el parto junto a su hijo. Según los dichos
de la gente, él enloqueció de tristeza y cada tanto vol-
vía a buscarla a ese banco, ubicado en ese lugar apar-
tado del parque donde la había conocido.

El túnel del parque

Cuando tenía doce años, vivía en una casa frente al parque Avellaneda con mis padres, subyugado por los misterios que contaban de él. En el centro del patio de mi casa había un viejo y ancho aljibe con una pequeña escalerilla, formada por hierros oxidados adosados a una de las paredes de ladrillos para acceder al fondo. En el centro, un balde de hierro que pendía con su polea de sustentación, estaba ya bastante corroído. Aquel pozo de agua, ahora era sólo una decoración de la casa, porque había dejado de usarse hacía muchísimo tiempo.

Un día, mientras mis padres por la tarde dormían la siesta, yo me quedé en el patio leyendo un libro que hablaba de la existencia de un túnel misterioso, que unía la gran casona del parque, hasta una escuela cercana. Yo había oído hablar mucho sobre ese túnel, que nunca había sido descubierto. Comentaban que había testimonios de algunos antiguos habitantes, que recordaban haber visto cuando eran chicos, los primeros metros del túnel. Según parece, partía a través de una entrada disimulada que existía en el casco principal, del viejo edificio de la Estancia de los Remedios.

En esa paz que me rodeaba, el interés por ese relato me provocó muchas ansias de investigación y me motivaron a realizar una travesura bastante peligrosa. Pensé que ese gran aljibe podía ser la manera de acceder a ese túnel y se me ocurrió bajar por la escalerilla. Antes de pensarlo dos veces, busqué una linterna y sosteniéndome con mucho cuidado de los hierros flojos, bajé lentamente por él hasta alcanzar el fondo del pozo.

Fue muy grande mi sorpresa, y casi se me parte el corazón, cuando vi que de allí partía un misterioso túnel. Entonces, me interné por él con cierto temor, alumbrando con mi linterna e intrigado por lo que hallaría al final. Tuve que caminar agachado a medias, para no golpearme con las piedras que había en los costados. Caminé bastante, hasta que el cansancio me obligó a recostarme un rato contra una de las paredes, para recobrar las fuerzas De pronto, hacia el fondo del túnel vi a lo lejos una luz. Al cabo de un prolongado trayecto, me encontré en medio de un hermoso jardín lleno de plantas exóticas y flores hermosas, que parecían salidas de otro mundo. Quedé impresionado por sus formas y colores.

En ese instante percibí un relámpago en el cielo y oí un fuerte trueno que me asustó. Los pájaros que estaban en los árboles emprendieron un vuelo raudo. Y cuando empezó a llover a cántaros, me desperté en el patio con el libro en la mano. Luego de aquel sueño tan excitante, tuve que entrar corriendo a mi casa para evitar mojarme.

Ya bajo techo, me quedé mirando por la ventana cómo las gotas de agua chocaban contra el vidrio cual perlas salidas de un sueño. Esa investigación dentro del aljibe continuó rondándome en la cabeza durante bastante tiempo. Sin embargo, nunca tuve la valentía de ingresar en las profundidades de ese tenebroso aljibe.